AF279692

# ALBARIÑO Y CRUCEIROS

ExLibric

DAVID LÓPEZ VIZCAÍNO

# ALBARIÑO Y CRUCEIROS

EXLIBRIC

ANTEQUERA 2025

**ALBARIÑO Y CRUCEIROS**
© David López Vizcaíno
Diseño de portada: Dpto. de Diseño Gráfico Exlibric

Iª edición

© ExLibric, 2025.

Editado por: ExLibric
c/ Cueva de Viera, 2, Local 3
Centro Negocios CADI
29200 Antequera (Málaga)
Teléfono: 952 70 60 04
Fax: 952 84 55 03
Correo electrónico: exlibric@exlibric.com
Internet: www.exlibric.com



ISBN: 979-13-87707-09-5
Depósito Legal: MA 360-2025

Impresión: PODiPrint
Impreso en Andalucía – España

Nota de la editorial: ExLibric pertenece a Innovación y Cualificación S. L.

DAVID LÓPEZ VIZCAÍNO

# ALBARIÑO Y CRUCEIROS

*A mis padres
y a mi prima Marta Fernández Vizcaíno.*

*A Juan Antonio Abad Nielfa y Juan José Chico Vicente,
antes alumnos, ahora amigos.*

*Mi gratitud por su amistad y apoyo
a Darío Gómez Escudero e Isabel Rodríguez Cartagena.*

# El artesano Ginés
# y el señor Alonso-Kinsella

Sabrina me esperaba en el andén. Bajé del tren y me dirigí hacia ella. Nos saludamos de manera afectuosa.

—Hemos de darnos prisa.

—¿Dónde tienes el coche?

—En un aparcamiento cercano.

Avanzamos por el andén y el vestíbulo de la estación, adelantando y esquivando a otros viajeros y acompañantes. Me costó seguir el paso ligero de Sabrina.

Salimos a la calle. Vi una fila de taxis esperando su turno para recoger a los clientes que demandaban su servicio.

Accedimos al aparcamiento. Sabrina abrió el coche a distancia.

—¡Has cambiado de coche!

—Me hacía falta un coche nuevo, más seguro y potente.

Deposité el equipaje en el maletero del vehículo y me acomodé en el asiento del copiloto.

—Me alegra que vayas a pasar conmigo las próximas horas. Lo más cómodo para ti habría sido dirigirte a Pontevedra y ahorrarte un día de prisas.

—Ya sabes cuánto me gusta acompañarte en tu trabajo. Sin embargo, me extraña que se desarrolle fuera de la provincia de Orense.

—Se debe a que hace un mes el periódico digital en el que trabajo absorbió otros. Sigo desempeñando las mismas funciones, pero mi ámbito de trabajo se ha extendido a las cuatro provincias gallegas.

Sabrina golpeaba el volante con las yemas de los dedos.

—No tienes paciencia ante un semáforo en rojo.

—Ninguna. Y hoy menos que ningún otro día. Tenemos que llegar a Tuy en una hora.

Sabrina metió la primera marcha antes de que el semáforo se pusiese en verde.

—Contigo al volante llegaremos en cincuenta minutos.

—Imposible.

—¿Por qué?

—Respeto los límites de velocidad.

Sabrina no tuvo que sufrir más semáforos en rojo. Pronto se incorporó a la A-52, sentido Porriño.

—El tráfico es fluido.

—Lo será más cuando los conductores que se dirigen a Santiago de Compostela y La Coruña abandonen esta vía.

Sabrina adelantó a un convoy de dos camiones con semirremolque, que transportaban sendas vigas prefabricadas para puentes.

—¿Qué esperas de este viaje?

—Aprender, descansar, disfrutar y un golpe de suerte.

—¡Cuántas cosas!

—Siempre hay que aprender. Los próximos días serán solitarios, así que descansaré; los siguientes disfrutaré, porque estaré en buena compañía; y en cualquier momento se puede producir un golpe de suerte.

—Tu actitud es positiva.

—Si no se tiene una actitud positiva, es mejor quedarse en casa.

—Me extraña que no hayas incluido en tus planes zampar hasta reventar.

—También. Ya me conoces. Además, estoy en Galicia, donde se come muy bien.

—No le eches la culpa a Galicia. Sé cuánto te gusta comer.

Reímos.

La autovía salva el río Miño para discurrir al norte de este.

—Hace un día estupendo para estar en la playa.

—O en un merendero a la sombra de unos abedules.

—Sin embargo, me toca trabajar. En fin, menos mal que me gusta mi trabajo.

—Es una razón de peso para que te consideres afortunada.

—Así me considero, por mi trabajo y por muchas cosas más.

Nos adelantó un coche a una velocidad muy superior a la permitida.

—¿A dónde irá ese loco?

Nos adelantó un coche de la Guardia Civil.

—Solo falta un helicóptero para que la persecución sea de película.

—Ahí lo tienes.

—El malo no tiene escapatoria.

—No cantes victoria tan pronto. Puede provocar un accidente para evitar que le detengan.

—Sería un delito más del que le acusarían cuando le detuviesen.

—No creo que le importe.

—Conduce un coche de alta gama.

—Será un ladrón de coches.

—O un traficante de drogas.

—Sea lo que sea, que lo detengan, lo juzguen y lo metan en la cárcel por muchos años.

Sonó el móvil de Sabrina y lo descolgó desde el volante del coche.

—¡Buenos días, Ginés!

—¡Buenos días, señorita Sabrina! Quiero que sepa que no podremos comer como teníamos previsto.

—¿Qué ha sucedido?

—Aún sigo en el aeropuerto de Vigo. El avión en el que viene el señor Alonso-Kinsella lo hará con retraso.

—¿Eso quiere decir que nos veremos en el taller después de comer?

—Sí. Siento el cambio de planes. En cualquier caso, podrá ver mi trabajo y conocer al señor Alonso-Kinsella.

—No se preocupe. Nos veremos en unas horas.

Sabrina colgó el móvil.

—Ya has oído.

—¿Qué haremos hasta que comamos?

—Visitar la catedral de Santa María de la Asunción, el monumento más importante de Tuy.

—¡Un plan perfecto!

—Además, en esta ocasión hay otro motivo que justifica visitar la catedral.

—¿Cuál?

—Ginés ha reproducido a escala natural la portada principal de la catedral para el señor Alonso-Kinsella; este se la llevará a su Irlanda natal.

—¡Sorprendente!

La circulación se iba ralentizando y desviando al carril izquierdo de la autovía.

—¿Qué habrá pasado?

—Quizá se deba a otro transporte especial.

El sonido de una ambulancia desmintió mi hipótesis.

—Ha habido un accidente.

Vimos un coche y una furgoneta accidentados.

—¿Reconoces el coche?

—Sí, es el del malo al que perseguían los guardias civiles.

—El que la hace, la paga.

—Lamento lo que le haya podido pasar al conductor de la furgoneta.

—Confiemos en que no le haya pasado nada grave.

Sabrina disminuyó la velocidad poco antes de entrar en un túnel.

—¿Te has quedado mudo?

—No.

—¿A qué se debe tu silencio repentino?

—Al efecto túnel.

—Explícate.

—Cuando no veo la salida del túnel o este es muy largo, me quedo en silencio y me concentro en la conducción.

—Pero tú no eres el conductor.

—Cierto, pero me concentro para ayudarte en la conducción.

Reímos.

—Este es el túnel de La Cañiza. Tiene más de 2.500 metros de longitud. Discurre bajo los montes de Paradanta.

Sabrina aceleró hasta la velocidad permitida una vez salimos del túnel.

Me llamó la atención una señal informativa; indicaba la salida para dirigirse a Puenteareas.

—La localidad de Puenteareas empezó a ser conocida fuera de Galicia cuando Álvaro Pino ganó la Vuelta ciclista a España en 1986.

—El siguiente pueblo importante es Porriño, famoso por su principal exportación, el granito rosa Porriño.

—Yo asocio Porriño con las latas de legumbres en conserva.

Sabrina rio.

—Debes ser la única persona que conoce Porriño por las legumbres en conserva.

—En su día me sacaron de algún apuro. Pero pronto me pasé a las ensaladas; las que preparo son ricas en antioxidantes.

—Como todas las ensaladas.

Reímos.

Sabrina tomó la A-55.

—Hay más circulación de la que hemos tenido hasta ahora.

—Esta vía absorbe mucho tráfico.

Sabrina adelantó a un elevado número de camiones.

Salimos de la autovía.

—En unos minutos habremos llegado a nuestro destino.

—El viaje se me ha hecho corto.

Entramos en Tuy. Bajé la ventanilla del coche.

—¡Hola, Tuy!

Sabrina rio.

—¿Qué has hecho?

—Saludar a Tuy.

Reímos.

Sabrina estacionó el coche donde pudo.

Anduvimos a paso ligero hasta la catedral de Santa María de la Asunción. La portada norte de la catedral se abre a la plaza del Concello.

—Esta portada es la primera que se levantó. Es del siglo XII, de estilo románico; sobria, pero llama la atención por la combinación de elementos que la componen.

Una señorita se acercó hasta nosotros.

—Buenos días. Me llamo Almudena. ¿Le importa que escuche sus explicaciones?

—En absoluto.

—Gracias.

—Mirad, la portada cuenta con tres arquivoltas de medio punto sogueadas y trasdós ajedrezado; descansa sobre dos columnas y jambas lisas a cada lado del acceso adintelado. El tímpano es liso y se apoya sobre mochetas en las que se han representado las cabezas de un lobo y un oso. Un salmer aparece sobre la clave del trasdós; lo comparten dos arcos de medio punto. Sobre estos arcos aparece una imagen en altorrelieve de san Epitacio y un arco de medio punto. El cuerpo superior, ocupado por un rosetón, es gótico.

Un grupo de turistas llenó la plaza del Concello.

—Señorita, le pedimos disculpas.

—¿Por qué?

—Usted se ha presentado, pero nosotros no. Mi amiga se llama Sabrina y yo, David.

Nos dirigimos hacia la plaza de San Fernando.

—Esta portada es el elemento distintivo de la catedral. Se concluyó en 1225 durante el reinado de Alfonso IX de León, siendo obispo don Esteban Egea. Se da por hecho que fue obra de artesanos franceses, quizá procedentes de Chartres.

—El pórtico almenado le da aspecto de fortaleza.

—Bien observado, Almudena. El pórtico se finalizó a mediados del siglo XIII. Su hechura es gótica.

—El arco del pórtico y los de la fachada son iguales.

—El arco del pórtico y las arquivoltas de la fachada son apuntados.

Nos acercamos a la fachada para ver mejor los elementos que la componen.

—Intentaré ser breve, que no os quiero aburrir. Las arquivoltas descansan en cuatro estatuas-columnas y tres columnas de manera alterna; en las de la izquierda se representan a Moisés, Isaías, san Pedro y san Juan Bautista y en las de la derecha a Salomón, la reina de Saba, Jeremías y Daniel. Estando esta catedral dedicada a la Virgen María, el tema que ocupa el tímpano de la fachada principal tenía que estar dedicado a ella. Veis que se distinguen dos registros: las escenas de la Anunciación, el Nacimiento y la Adoración de los pastores ocupan el inferior, y las de los Reyes Magos con Herodes y la Adoración de los Reyes Magos, el superior. Todas las esculturas están individualizadas; unas parecen conversar entre ellas, otras dirigirse al espectador, características de la escultura gótica.

Observamos la portada en silencio.

—Sabrina.

—¿Qué?

—¿Me aseguras que Ginés ha reproducido la fachada a escala natural?

—Cuesta creer, pero lo verás con tus ojos.

Accedimos a la catedral.

—Los antecedentes de esta catedral se remontan a una basílica paleocristiana sueva de los siglos V y VI. Su construcción se inició en 1120 en estilo románico, tomando como modelo la catedral de Santiago de Compostela, pero las reformas del siglo XIII se realizaron en estilo gótico.

La catedral ofrece planta de cruz latina de tres naves en el brazo mayor y otras tantas en el menor, siendo la central de mayor desarrollo. El brazo mayor presenta cuatro tramos antes del crucero. Desde las naves laterales se puede acceder a las capillas del Santísimo y de Santa Catalina.

Observamos los arcos codales, las bóvedas de arista, los dos órganos, la bóveda estrellada del cimborrio y los capiteles decorados con motivos vegetales, zoomórficos e historiados con los temas de la Natividad y de la Adoración de los Reyes Magos.

La cabecera de la catedral no es la original. Cuenta con tres capillas rectangulares: la de Santiago, con retablo homónimo del siglo XVII; la Mayor, que acoge el altar mayor y el coro, cuya sillería es obra del maestro Castro Canseco en 1699, decorada con efigies de santos y escenas de la vida de la Virgen María; y la de San Pedro, con retablo del mismo nombre del siglo XVIII.

Vecina de la anterior es la capilla de San Telmo o de las Reliquias, así llamada por las reliquias que atesora, las cuales se exponen el día de San Telmo. Sus elementos más importantes son la bóveda nervada con pinjantes, la sepultura del obispo don Diego de Torquemada, el altar-relicario y el retablo de la *Expectación de la Santísima Virgen*, realizado en 1722 por el maestro Antonio del Villar, en el que aparece una talla del siglo XVI de la Virgen María embarazada con una mano sobre el vientre.

—Nos queda por ver la sala capitular, el claustro y la torre de Sotomayor.

En la sala capitular observamos la decoración de los capiteles de las columnas, dedicando más tiempo a dos de ellos: uno en el que aparecen unos carneros luchando y otro en el que una loba amamanta a su lobezno.

El claustro se levantó durante la segunda mitad del siglo XIII en estilo gótico cisterciense. Son característicos los arcos apuntados de descarga, bajo los cuales se abren arcos apuntados sobre parejas de columnas. En el muro perimetral del claustro se disponen escudos, lápidas, sarcófagos y objetos de valor artístico.

—Los claustros siempre me han parecido remansos de paz y sus jardines un espacio místico.

—Ofrecen una belleza singular, muy estudiada, pensada para serenar el espíritu y reforzar la fe.

—Y para reflexionar en silencio.

—Después de haber estudiado en silencio.

—¡Bendito silencio!

Ascendimos la torre de Sotomayor. Las almenas le dan un aspecto de torre-fortaleza. Desde ella observamos el claustro catedralicio, Tuy, la ribera del Miño y la localidad portuguesa de Valença do Minho.

—Las vistas son de gran belleza.

—Se dice que Valença do Minho está de Tuy a tiro de cañón.

—No tengo un cañón para comprobarlo.

Reímos.

—Iniciarías una guerra contra Portugal.

—No es mi propósito, ni me lo perdonaría en la vida. De los portugueses tengo una alta valoración.

—*Muito obrigada, senhor.*

—*Ao seu serviço, senhorita.*

—No flirtees.

—Solo he sido amable.

—Muy amable, que has sonreído y hablado en portugués.

—¿Celosa?

—¿Yo?

Reímos.

Sabrina miró el reloj.

—Tenemos que irnos si queremos comer algo y llegar a tiempo a nuestra reunión con Ginés y el señor Alonso-Kinsella.

—Tú mandas.

—Yo me quedo un poco más disfrutando de estas hermosas vistas. Muchas gracias por enseñarme la catedral y por sus explicaciones.

—Gracias a usted por acompañarnos. Feliz tarde.

—Feliz reunión.

—Adiós.

—Adiós.

Seguí a Sabrina.

—No puedo ir tan deprisa como tú; se me cargan las piernas.

—¡Qué delicadito eres!

Reímos.

—Te lo digo en serio. Prefiero subir escaleras a bajarlas. Además, bajando escaleras puedes caer con resultado de múltiples fracturas óseas.

—Recuérdame que no te saque de casa.

Reímos.

Salimos a la plaza de San Fernando.

—¿Seguro que no nos da tiempo a comer como es debido?

—Seguro. Tendremos que conformarnos con comer unas raciones y tomar un vino.

Entramos en uno de los bares céntricos de Tuy.

—Yo he elegido el sitio; tú elegirás las consumiciones.

Pedí al camarero que nos sirviese pulpo *á feira* y empanada de zamburiñas, acompañado por una copa de albariño.

—Siempre pides lo mismo.

—Mi compromiso con el pulpo *á feira* y la empanada de zamburiñas es firme. ¡No les puedo fallar!

Reímos.

—Pero va a ser poca comida. No sé cómo voy a aguantar hasta la cena.

—Y tú que eres de cenas tempranas y ligeras…

—Te adelanto que hoy no va a ser tan ligera.

Reímos.

Brindamos por nosotros.

—¿Cómo conociste a Ginés y al señor Alonso-Kinsella?

—Ginés es uno de los artesanos de la piedra más renombrados de Galicia; pocos trabajan el granito con la maestría que le distingue. No conozco al señor Alonso-Kinsella; con él solo he mantenido una conversación telefónica por mediación de Ginés.

El pulpo *á feira* sabía tan bien que apetecía comerlo a dos carrillos.

—¿Qué impresión te dio por teléfono?

—Me pareció muy amable. Se interesó por cómo hago mi trabajo. Fue entonces cuando atendió mi petición de conocernos y concederme una entrevista informal.

Bebimos.

—Termínate el pulpo *á feira*; yo paso a la empanada de zamburiñas.

—Lo dices saboreándola con solo mirarla.

—No te imaginas las ganas que tengo de comerla.

—No te cortes.

Reímos.

Di un primer bocado a la empanada. Hice aspavientos.

—¿Qué intentas decir?

—Está tan bien hecha que quita las ganas de hablar.

Sabrina probó la empanada.

—Tienes razón.

Comimos la empanada de zamburiñas, saboreando cada bocado.

Abonamos la cuenta y salimos del bar.

—No andes tan deprisa, que voy a echar el pulpo, la empanada, el vino y ¡hasta el hígado!

—¡Qué dramático eres!

Sorteamos a algunos viandantes.

—¿Has visto a esos dos?

—Querrán apagar algún fuego.

—¿Has oído?

—Debemos de ser puntuales.

—Te apuesto lo que quieras a que llegamos antes que ellos.

Sabrina puso en marcha el coche.

—¿Dónde se encuentra el taller de Ginés?

—A las afueras.

No tardamos en llegar.

—Has perdido la apuesta.

—¿Por qué sabes que he perdido la apuesta?

—El taller está abierto.

Sabrina detuvo el coche.

Entramos en el taller.

—¡Buenas tardes, Ginés!

—¡Buenas tardes, Sabrina!

—Te presento al señor Alonso-Kinsella.

—Un placer, señorita.

—Encantada. Os presento a David, un amigo.

Nos saludamos.

—Quiero que veáis cada pieza que compone la réplica del conjunto escultórico de la fachada principal de la catedral de Santa María de la Asunción de Tuy.

—¿Cuánto tiempo te ha llevado realizar este encargo?

—Treinta meses a tiempo completo.

—Tu capacidad de trabajo es asombrosa.

Observamos las estatuas-columnas.

—Parecen querer comunicarse con nosotros.

Las esculturas a las que prestamos más atención fueron *La Anunciación*, *El Nacimiento* y *La Adoración de los pastores*.

—Su belleza es abrumadora.

—Gracias por el cumplido.

—No es un cumplido. Su trabajo es más que sobresaliente.

—Le he dicho que su trabajo es excelente. Mi grado de satisfacción es máximo.

El señor Alonso-Kinsella se expresaba en un español muy correcto, pero con un acento irlandés muy acusado.

—Señor Alonso-Kinsella, ¿qué le llevó a contratar un trabajo tan singular?

—Soy descendiente directo de don Manuel Alonso Romero, natural de Tuy y superviviente de una de las naves naufragadas de las que componían la Felicísima Armada. Arraigó en Irlanda, pero su amor por su tierra natal lo transmitió a su hijo y cada generación a la generación siguiente. En mi primera visita a Tuy, hace veinticuatro años, me emocionó la belleza de la fachada principal de la catedral de Santa María de la Asunción. En cuanto pude, contraté a Ginés para que hiciese una réplica exacta. La llevaré a Irlanda y será la fachada de acceso a la iglesia privada de nuestra familia.

—Aprecio tres motivaciones: familiar, artística y religiosa.

—Sí, señorita. Mi familia es hispano-irlandesa, por tanto, dos veces católica, siempre en lucha contra los ingleses anglicanos, dos veces enemigos por colonialistas y sectarios. Si el inglés es anglicano, o el anglicano es inglés, es pérfido por partida doble.

—Sus ancestros estarían orgullosos de usted.

—Yo lo estoy de ellos porque combatieron contra el anglicanismo y por la independencia de Irlanda.

—¿Cuándo se vincularon las familias Alonso y Kinsella?

—En el siglo XVII.

El señor Alonso-Kinsella se expresaba con la nobleza del caballero que lucha por su razón de ser: fe, patria y familia.

—Ginés, tu trabajo ha terminado.

—No del todo. Me queda supervisar el embalado de cada pieza, que se hará durante los próximos días, y el montaje de todas ellas en su emplazamiento definitivo.

—Estoy impaciente porque llegue ese día, que será grande para mi familia.

El semblante y la voz del señor Alonso-Kinsella comunicaban una felicidad plena.

Sabrina fotografió a Ginés y al señor Alonso-Kinsella flanqueando *El Nacimiento*. Iba a ser la fotografía que apareciese en el artículo que Sabrina publicaría al día siguiente.

Nos despedimos de Ginés y del señor Alonso-Kinsella.

—¿Qué tal lo has pasado?

—Muy bien. La visita a Tuy ha sido breve, pero intensa.

—¿Por qué no te quedas un día más?

—Tengo hotel reservado en Pontevedra. Pero volveré a Tuy en cuanto tenga ocasión.

—Te acerco a la estación de autobuses.

Subimos al coche.

—Si pierdes el autobús, seguro que encontrarás un taxista que te lleve a Pontevedra.

—Seguro que llegamos antes de que salga el autobús.

—Te acompañaría hasta que saliese el autobús, pero tengo prisa por volver a Orense. Tengo que hacer unas cosas en la redacción del periódico.

Sabrina estacionó el coche en las proximidades de la estación de autobuses.

—Hasta pronto. Nos volveremos a ver en unos días.

—¡Y lo pasaremos bien!

# Una noche con Almudena
# y un día en Pontevedra

Me dirigí a una taquilla de la estación de autobuses de Tuy.

—Buenas tardes. Por favor, un billete para Pontevedra.

—Malas tardes para usted.

—¿Por qué?

—Acaba de salir el autobús a Pontevedra y el siguiente a ese destino no va a salir por indisposición del conductor, y no hay otro compañero que le pueda sustituir.

—¡Qué contrariedad!

—Tiene la opción de coger un autobús a Vigo y allí otro a Pontevedra.

—¿Cuánto tiempo me llevaría?

—Algo más de dos horas.

—Es mucho tiempo, y tendría que hacer un transbordo.

—Puede contratar un taxi. Le saldrá más caro, pero llegaría a Pontevedra en unos cuarenta minutos.

—¿Dónde puedo encontrar un taxi?

—Suelen estar fuera de la estación de autobuses.

—Gracias.

Salí a la calle. Vi que llegaba un taxi a la estación de autobuses. Esperé a que se apease el pasajero para dirigirme al taxista.

—Buenas tardes. ¿Me llevaría a Pontevedra?

—Buenas tardes. Le llevaría si estuviese libre. Tengo que recoger a un cliente en Guillarey para llevarlo a Vigo. Lo siento.

—Gracias de todos modos.

—Puede esperar a otro taxi.

—Esperaré. Gracias.

Miré el reloj. Calculé que no iba a llegar al hotel antes de las 18:00 horas. Llamé al hotel.

—Buenas tardes. Me llamo David López Vizcaíno. Llamo para comunicar que no llegaré al hotel antes de las 18:00 horas, pero quiero confirmar la reserva de la habitación.

—Buenas tardes. No se preocupe. Su reserva queda confirmada. Puede venir a la hora que más le convenga.

—Muy amable. Muchas gracias.

Miré a un lado y a otro de la calle; pasaron varios coches, pero ningún taxi. Miré el reloj; las manecillas se movían despacio, pero tenía la sensación de que el tiempo se iba muy deprisa. Pensé: «Si no aparece un taxi en quince minutos, tomo el autobús a Vigo; luego ya veré cómo llego a Pontevedra».

Pasaron doce minutos.

—Cuando haya subido al autobús, aparecerá un taxi. ¡Maldita ley de Murphy!

—¡Hola, David!

Me sobresalté.

—Perdóname. No quería asustarte. ¿Por qué hablas solo?

—Llevo tiempo esperando un taxi.

—¿A dónde quieres ir?

—A Pontevedra.

—Ese es mi destino. Te puedo llevar.

—Me harías un gran favor. Muchas gracias.

Anduvimos unos metros.

—Este es mi coche. Tiene unos años y muchos kilómetros, pero su rendimiento sigue siendo óptimo.

Subimos al coche. Almudena lo puso en marcha y se incorporó a la circulación.

—¿No te da miedo llevar en el coche a un desconocido?

—Esta mañana me transmitiste buenas sensaciones.

—¡Ah! Gracias.

—Además, soy segundo dan de *taekwondo*.

—Suena a que me tengo que llevar bien contigo.

Reímos.

—¿Qué te lleva a Pontevedra?

—Turismo. ¿Y a ti?

—Turismo y compras.

—¿Qué vas a comprar?

—Trajes populares gallegos.

—Me sorprendes.

—Mis padres coleccionan trajes populares. Me han encargado que compre dos trajes populares gallegos, de hombre y de mujer.

—¡Se gastarán un dineral en trajes!

—Sí, llevan gastado mucho dinero. Y han acumulado tantos trajes populares que hace tres años abrieron un museo para exhibirlos.

—Mi admiración y reconocimiento hacia tus padres por invertir en cultura.

Vi la señal de fin de población.

—¡Adiós, Tuy!

—Almudena rio.

—¿Qué has hecho?

—Despedirme de Tuy.

—No creo que una señal de tráfico te vaya a responder.

—Cierto. Pero espero que Tuy me haya escuchado.

—¡Ah, Tuy tiene oídos!

—¡Tuy tiene de todo!

—¡Tiene río y tiene catedral!

—¡Y pan y vino!

Reímos.

—Hazme un favor.

—¿Cuál?

—Vas a llamar al hotel en el que me hospedo.

Cogí el móvil. Almudena empezó a dictarme el número de teléfono al que llamar.

—¿Te sabes el número de memoria?

—Soy matemática. Me resulta fácil memorizar números.

Terminé de marcar el número de teléfono.

—¡Qué casualidad!

—¿Cuál es la casualidad?

—Nos hospedamos en el mismo hotel.

—Pon el altavoz.

El recepcionista atendió la llamada.

—Buenas tardes.

—Buenas tardes. Me llamo Almudena Linares Fernández. Tengo reservada una habitación. Quiero confirmar la reserva, pero llegaré tarde.

—No se preocupe. Será bienvenida a cualquier hora que llegue.

—Gracias.

—A usted por llamar.

Puse fin a la llamada.

—El recepcionista se estará preguntando por qué hoy tantos clientes llegarán tarde.

Almudena adelantó un autobús con matrícula de Portugal.

—¿Crees en las casualidades?

—Ni sí ni no.

—Quizá no sea casualidad que nos hospedemos en el mismo hotel; quizá, el destino ha querido que nos conozcamos y pasemos unos días juntos.

—El destino es caprichoso.

—¿Cuántos días vas a estar en Pontevedra?

—Dos.

—Igual que yo.

—Te propongo pasar un día en Pontevedra y otro en algunas localidades de su ría.

—Un plan perfecto antes de poner fin a las vacaciones y regresar a Santander.

Llegamos a Pontevedra sin darnos cuenta.

—El hotel está abierto las veinticuatro horas del día, pero la tienda de trajes populares tiene hora de cierre. Así pues, iremos primero a la tienda.

—De acuerdo.

—Yo me probaré el traje de mujer y tú el de hombre. ¡Serás mi modelo!

Reí.

—¿Te parece gracioso?

—Seré tu maniquí. No sé desfilar como los modelos.

—Tienes la altura y complexión física de mi padre. El traje que a ti te siente bien le sentará bien a él.

—¡Todo sea por tu padre y por su museo!

—Ha sonado a brindis.

—Brindaremos esta noche.

—¿Con albariño?

—¡Con albariño!

Entramos en la tienda.

—Buenas tardes.

—Buenas tardes. ¿En qué les podemos ayudar?

—Quiero comprar dos trajes populares gallegos, de hombre y de mujer.

—¿Son para ustedes?

—Se exhibirán en un museo, pero han de valernos al caballero y a mí.

Uno de los dependientes nos tomó medidas y marchó a la trastienda.

—Veo que en esta tienda hay de todo.

—Es una tienda pensada para los turistas. Muchos de los productos que vendemos los diseñamos y producimos nosotros.

—Son productos elegantes y llamativos.

—Gracias, señorita. También son de buena calidad; lo apreciará en los trajes.

El dependiente regresó de la trastienda.

—Aquí tienen los trajes. Se los pueden probar. Si hubiese que hacer algún arreglo, mañana los tendrían listos.

Salimos de los respectivos probadores.

—¡Es la primera vez que visto de gallego!

—Soy santanderina, pero me veo gallega. ¿Cómo me ves?

—Lista para bailar una muñeira.

Reímos.

Los dependientes nos observaron.

—Los trajes parecen hechos a su medida. No hay que hacer ningún arreglo.

—Perfecto. Me llevaré los trajes. Pero antes de cambiarnos, me gustaría, por favor, que nos hiciese unas fotografías.

—Por supuesto.

El dependiente tomó el móvil que le entregó Almudena e hizo varias fotografías.

—Luego te las mando por WhatsApp.

Nos pusimos nuestras ropas. Almudena abonó el importe de la compra. Salimos a la calle sonrientes.

Llegamos al hotel en unos minutos. Nos dimos una hora para descansar antes de bajar a cenar.

Ducharme me creó la sensación de empezar un nuevo día. Me parecieron lejanas las experiencias vividas desde mi salida de Madrid por la mañana.

El silencio me ayudó a reponerme en parte del cansancio acumulado durante la jornada.

La hora de descanso se me hizo corta.

Coincidí con Almudena en el ascensor.

—¿Listo para cenar?

—¡Hambriento!

Reímos.

El metre nos acompañó a la mesa.

Para cenar pedimos sopa de ostras al estilo de Lérez, langosta con chocolate de Picadillo, para beber albariño y de postre tarta Llanderas de Vigo.

—¡Cena de reyes!

—Nos la merecemos.

Brindamos por nosotros y por la buena mesa.

El camarero nos explicaba de manera sucinta cada plato cuando nos lo servía. Tras retirarse, hacíamos algún comentario y retomábamos la conversación donde la habíamos dejado.

—Las ostras se machacan y la pasta resultante se integra en el caldo en el que han sido cocidas. El sabor a mar es intenso.

—El Atlántico en boca, como diría un crítico gastronómico.

—Luego diría algo sobre la textura.

Reímos.

—La langosta con chocolate se llama de Picadillo en honor del gastrónomo Manuel María Puga y Parga, conocido por el alias Picadillo. Este fue un plato muy elogiado por el novelista Álvaro Cunqueiro.

—Hoy salimos bien cenados y con más conocimientos.

—Valoro más lo primero que lo segundo.

Asentí, desorbitando los ojos, masticando el primer bocado de langosta.

—La tarta de Llanderas de Vigo es la combinación perfecta de galletas, almendras, mantequilla y chocolate.

—¡Subidón de azúcar en sangre!

—No lo lamentes, hay que endulzarse la vida.

Reímos.

Terminamos de cenar.

El metre vino hasta nosotros.

—¿Les ha gustado la cena?

—Ha sido exquisita.

—Una cena que nunca olvidaré.

—Pueden alargar la noche disfrutando de la velada de *jazz* que ha organizado el hotel en la terraza-jardín.

—¡Buena idea!

—¡No nos la podemos perder!

Salimos a la terraza-jardín del hotel. Nos sentamos en una mesa para dos. Un camarero nos sirvió sendas copas de licor de canela.

—Pontevedra es una de las capitales del *jazz*. Desde 1993 celebra el Festival Internacional de *Jazz&Blues* durante los últimos días de julio.

—¿Te gusta el *jazz*?

—Depende de mi estado de ánimo y de la compañía. Hoy me va a gustar.

—También a mí.

Después de un par de piezas, el *jazz* nos envolvía y fluía por nuestras venas. Era imposible no dejarse llevar. Los asistentes aplaudíamos cada tres o cuatro piezas. Además de las propias, el grupo versionaba éxitos de las grandes figuras del *jazz*, regalándonos una última pieza fuera de programa. El público lo agradecimos con una cerrada ovación.

Abandonamos la terraza-jardín, cruzamos el vestíbulo del hotel y esperamos a que llegase el ascensor.

Se fue la luz y el ascensor se detuvo.

—La luz no tardará en volver.

Pasaron unos segundos, parecieron minutos. Llamamos a emergencias.

—Les rescataremos en cuanto nos sea posible. Son muchas las incidencias.

—Gracias.

—Creo que soy claustrofóbica.

—Yo también creo que soy claustrofóbico, pero que no cunda el pánico.

—¿Qué hacemos?

—La risa es la mejor medicina para superar cualquier fobia.

—No se me ocurre nada que ahora me provoque ganas de reír. ¿Y a ti?

—Déjame pensar.

—Piensa algo deprisa y no lo pienses en silencio, que me entra ansiedad.

—Vamos a modificar el título de películas de cine famosas introduciendo la palabra escafandrista.

—¿Escafandrista?

—Sí, escafandrista. Por ejemplo, la película *Dos hombres y un destino* pasa a titularse *Dos escafandristas y un destino*.

Almudena rio.

—Aunque Paul Newman y Robert Redford tendrían muy difícil asaltar trenes vestidos de escafandristas.

Reímos.

—Almudena, te toca.

—Vale, déjame pensar… Ya lo tengo: *El escafandrista siempre llama dos veces*.

—*El tercer escafandrista*.

—*Robin Hood, príncipe de los escafandristas*.

—*Todos los hombres del escafandrista*.

—*Todos los escafandristas del presidente*.

Reímos.

—Y mi película favorita.

—¿Cuál?

—*El bueno, el feo y el escafandrista*.

Reímos.

—¿Te imaginas a Lee van Cleef vestido de escafandrista?

Reímos a carcajadas.

Esperé a Almudena en el vestíbulo del hotel; vi que bajaba por las escaleras.

—Buenos días, David.

—Buenos días, Almudena. ¿No te fías del ascensor?

—No, no me fío.

—¿Has dormido?

—Sí. ¿Y tú?

—A ratos.

—Hoy toca conocer Pontevedra. Tengo interés en sus plazas.

—De plaza a plaza y un tiempo para la pitanza.

Reímos.

—Almorzaremos en una terraza.

—Buena idea.

Salimos del hotel. Apenas tardamos unos minutos en llegar a la Alameda. Es un parque urbano de planta rectangular. Lo diseñó el arquitecto Alejandro Rodríguez-Sesmero González a finales del siglo XIX. Hasta la desamortización de Mendizábal de 1835, el terreno que ocupaba fue propiedad de los dominicos, quienes lo utilizaron como huerta.

Accedimos a la Alameda por la entrada oeste, una escalinata entre dos columnas pétreas con sendas efigies de leones, que sujetan el escudo de Pontevedra. Los muros inferiores a ambos lados de la escalinata están forrados por unos llamativos azulejos de temática costumbrista, obra realizada por el pintor Carlos Sobrino en 1927.

—Siempre me ha gustado pasear entre árboles.

—Soy poco dado a hacer fotografías, pero nunca me he podido resistir a fotografiar la perspectiva que se dibuja entre dos hileras de árboles paralelos.

—De haber sido pintor, lo habrías sido de jardines.

—Sí, habría pintado jardines. Y si hubiese sido arquitecto, los habría diseñado.

Nos detuvimos ante el edificio de la Diputación Provincial de Pontevedra. Cuenta con dos alturas. Ofrece un aspecto monumental gracias al cuerpo central y torres esquineras; el primero acoge una escalinata que lleva a los tres accesos en arco de medio punto entre columnas de gran desarrollo, el segundo piso asoma a un balcón corrido y abalaustrado y el frontón triangular que lo corona descansa sobre un cuerpo horizontal que lo eleva; las torres esquineras están rematadas por frontones curvos.

—¿Sabes de quién es obra este edificio?

—De Alejandro Rodríguez-Sesmero González. Lo construyó en 1890.

—¿Del arquitecto de la Alameda?

—Sí. También es autor de otros edificios importantes que veremos más adelante.

—¿Cuáles?

—El Ayuntamiento, el Mercado Municipal… Alejandro Rodríguez-Sesmero González es uno de los responsables de la estética que ofrece Pontevedra; es autor de los edificios civiles más señeros de la ciudad, los levantados entre finales del siglo XIX y primeros años del XX.

En el extremo oriental del parque de la Alameda se ubica el monumento a los Héroes del Puente Sampayo, notable conjunto escultórico de Julio González Pola. En la base del pedestal de granito, una mujer llama al combate alzando el brazo derecho, mientras con el izquierdo sujeta el escudo de armas de España. Sobre el pedestal descansan las figuras del oficial Pablo Morillo, un campesino, un estudiante, un soldado y un combatiente herido, además de una bandera y un cañón.

—Este monumento se encargó en 1909 para conmemorar el centenario de la victoria de nuestros compatriotas en el puente

Sampayo, encabezados por el oficial Morillo, sobre el ejército napoleónico, dirigido por el mariscal Ney.

—Los franceses recibieron su merecido.

—Recibieron poco para el daño que hicieron.

—En la base del monumento a los Héroes del Puente Sampayo se lee en unas placas que se inauguró en 1911 y que se financió por suscripción popular a iniciativa del Centro Gallego de Madrid.

Íbamos a abandonar el parque de la Alameda cuando nos vimos sorprendidos por un grupo de jóvenes. Nos quedamos mirándolos.

—Me parece imposible circular en monociclo.

—Es muy fácil.

—Lo será para ti; para mí no lo es, no conseguí aprender a montar en bicicleta.

—¿Cómo es posible?

—No guardaba el equilibrio.

—Yo aprendí en una tarde.

El grupo de jóvenes dio una vuelta al monumento a los Héroes del Puente Sampayo.

—¿Cuándo aprendiste a montar en monociclo?

—Mi padre me llevó al circo siendo niña; vi a unos malabaristas montar en monociclo, me resultó divertido y aprendí.

—¿También sabes hacer malabares?

—Alguno, pero no subida en un monociclo.

Los jóvenes se detuvieron; los aplaudimos. Me acerqué a ellos.

—Buenos días. ¿Os puedo pedir un favor?

—Sí, ¿cuál?

—Mi amiga dice que sabe montar en monociclo, que es fácil. Me gustaría verlo. ¿Alguno de vosotros le dejáis un monociclo?

—¡Sí, claro!

—Te demostraré que sé montar en monociclo y tú me pagarás el almuerzo.

—Hecho.

Almudena subió al monociclo, consiguió mantener el equilibrio y circular durante un rato; dio una vuelta al monumento a los Héroes del Puente Sampayo, vino hacia mí y dio unas vueltas a mi alrededor, se detuvo, descendió del monociclo y lo devolvió a su dueño.

Aplaudí a Almudena; los jóvenes me siguieron y también aplaudieron. Almudena hizo una reverencia y dio las gracias.

—¿Qué tienes que decir ahora?

—¡Eres tremenda! Te has ganado el almuerzo.

Almudena miró el reloj.

—Aún es pronto para almorzar.

Nos dirigimos a las ruinas de Santo Domingo.

—La cabecera es lo que queda de la iglesia conventual. Es de finales del siglo XIV y de estructura gótica. Llama la atención por los arcos apuntados y los contrafuertes.

—El convento debió ser imponente.

—Sí, debió serlo. Pero tras la desamortización de Mendizábal de 1835 cerró y cayó en el abandono. Incluso se acordó su demolición a finales del siglo XIX. Se opuso la Sociedad Arqueológica de Pontevedra, que consiguió que las ruinas fuesen declaradas Monumento Nacional. Hoy forman parte del Museo Provincial de Pontevedra.

La casa consistorial se asoma a la plaza de España.

—Es obra del arquitecto…

—Alejandro Rodríguez-Sesmero González.

—¡Te lo has aprendido!

—Te escucho cuando hablas.

—Se inauguró en 1880. Es de estilo ecléctico. El arquitecto tomó elementos decorativos de estilo Luis XV.

—Resulta llamativa la combinación de granito gris y encalado blanco.

—Utilizó el granito para los elementos estructurales y los decorativos, resaltando sobre el muro liso blanco.

El cuerpo central presenta dos niveles separados por una cornisa; el inferior ofrece acceso en arco de medio punto entre columnas jónicas sobre pedestal; el superior asoma a un balcón con balaustrada al que se accede por un arco de medio punto entre columnas corintias, rematado con decoración heráldica. Este cuerpo está coronado por un frontón irregular, que recibe un reloj. Los vanos de la planta baja están decorados con guirnaldas de roble y los de la segunda con el escudo de Pontevedra. El basamento y las esquinas del edificio también son de granito.

—Quiero leer las inscripciones.

—En la de la izquierda se cita al arquero griego Teucro. La leyenda afirma que fundó Pontevedra.

Nos acercamos a leer las inscripciones.

La inscripción de la izquierda del acceso dice:

«FVNDOTE TEVCRO VALIENTE DE AQVESTE RIO EN LA ORILLA PARA QVE EN ESPAÑA FVESES DE VILLAS LA MARAVILLA. MCMXLI».

La inscripción de la derecha del acceso dice:

«DEL ZEDEBEO LA ESPADA CORONA TV GENTI-
LEZA VN CASTILLO PVENTE Y MAR ES TIMBRE DE TV
NOBLEZA. MCMXLI».

Nos dirigimos hasta la escultura en bronce *Fiel contraste* se
encuentra ante la fachada posterior de la casa consistorial.

—La realizó el escultor orensano Ramón Conde en 2010.

—¿A quién representa?

—Al empleado municipal que, durante la Edad Media, daba
fe de las pesas, medidas y transacciones comerciales a las puertas
de la muralla de Pontevedra.

—¿Cuándo se derribó la muralla?

—Durante la segunda mitad del siglo XIX. La ciudad tenía
que crecer. Había que crear nuevos espacios para la burguesía. Se
conserva un lienzo de la muralla en la calle Arzobispo Malvar.

Almudena me pidió que le hiciese una fotografía junto a la
escultura.

—Gracias. Y dame tu número de móvil para enviarte la fotografía que nos hicimos con los trajes populares.

Me sonó el móvil, lo abrí.

—Una fotografía para enmarcar.

Nos miramos y sonreímos.

—Antes de seguir nuestro paseo, deja que añada tu número
de móvil a mi agenda de contactos.

Almudena echó una mirada alrededor.

—¡Ya! Nuestra próxima parada es la Casa de las Campanas.

—¡No! Nuestra próxima parada va a ser esa pulpería. Se me
ha abierto el apetito.

—Yo lo tengo abierto desde que salimos del hotel.

Reímos.

El camarero nos acompañó hasta una mesa para dos.

—¿Qué te apetece comer?

—Aunque apenas han pasado las doce, pulpo *á feira*, mejillones al vapor y croquetas de bacalao, albariño para beber y de postre empanada de manzana.

—¡Claro que sí! Cualquier hora es buena para quedar bien comido.

El camarero tomó nota de lo que pidió Almudena.

—Me estoy poniendo hasta las cachas de comida gallega; cuando vuelva a Santander, verdura en vena.

—Lo que se come con gusto sienta bien y no engorda.

—A mí me sienta bien, pero me engorda, creo, aunque no me he pesado desde que inicié el viaje.

—No te peses y sigue disfrutando.

Reímos.

El camarero nos sirvió el albariño.

—¿Qué haces para estar delgado?

—Desayuno nueces.

—¿Desayunar nueces adelgaza?

—No lo sé. Lo he dicho por decir.

Reímos.

El camarero nos sirvió los platos solicitados. Brindamos dos veces, por nosotros y por la comida gallega.

—¡Un pulpo *á feira* estupendo!

—Las croquetas están en su punto.

—¿Siempre has viajado sola?

—No.

—¿Desde cuándo viajas sola?

—Hace unos años me cansé de los viajes organizados y de viajar con amigos y familiares. Terminaban siendo los viajes de otros, impersonales y anodinos por muchos sitios que visitase. Prefiero viajar por libre.

Almudena probó el pulpo *á feira* y yo comí una croqueta.

—Te conocí viajando acompañado; luego, te recogí solo. ¿Viajas solo o acompañado?

—Según se tercie; unas veces solo, otras acompañado, otras me dejo acompañar y otras dejan que sea el acompañante. En los viajes planifico e improviso por igual.

Bebimos, conversamos y acabamos las croquetas de bacalao; el pulpo *á feira* lo dimos por terminado una vez comimos una porción de pan mojada en el aceite de oliva y el pimentón que quedaba en el plato de madera.

—¡Qué bien sabe!

—¡Qué bien sabe todo!

—¿Los mejillones sabrán igual de bien?

Desorbité los ojos.

—¡No lo dudes! ¡Míralos, qué presencia! ¡Escúchalos, nos piden a gritos que los comamos!

Reímos.

Probamos los mejillones al vapor.

—¡Muy ricos!

—¡Para callar y comer!

Reímos, callamos y comimos, acabamos los mejillones y el albariño.

—Y ahora, ¡a por la empanada de manzana!

Salimos de la pulpería con energías renovadas y el buen humor que proporciona haber comido a placer.

—Este es el edificio que comparten el Teatro Principal y el Liceo Casino. Se asienta en el solar que ocupaba la iglesia de San Bartolomé el Viejo, que, a pesar de la oposición popular, por encontrarse en ruinas, fue derribada en los años cuarenta del siglo XIX. El Teatro Principal es obra del arquitecto Faustino Flores. Se inauguró en 1878. Podemos ver la fachada.

—¡Vamos!

La fachada del Teatro Principal presenta tres niveles, los dos primeros de mayor desarrollo que el tercero, y frontón triangular. Es de líneas adinteladas.

—Me gusta el contraste cromático entre el granito gris y el encalado blanco.

—Lo comentaste ante la Casa Consistorial. ¡Yo también te escucho cuando hablas!

Reímos.

—No quiero resultar pesada, pero me gustan las combinaciones cromáticas, siempre que uno de los dos colores sea el blanco. Me parecen elegantes.

—En el extremo opuesto del edificio se encuentra la fachada del Liceo Casino. De camino veremos la Casa de las Campanas.

—¡Vamos, cuantas más cosas veamos, mejor!

La Casa de las Campanas reúne elementos góticos, los arcos conopiales en dos de sus tres accesos, compuestos por dovelas de grandes proporciones, y renacentistas, los escudos que decoran la fachada.

—Se acepta que es el edificio civil más antiguo de Pontevedra, data del siglo XV.

—¿Por qué se llama Casa de las Campanas? No veo ninguna campana.

—Hay dos respuestas a tu pregunta; una defiende que deriva de la palabra *canpas*, que significa lápida, porque en el solar que ocupa hubo un cementerio judío entre los siglos XI y XV; la otra dice que tuvo un carrillón para llamar a misa en la iglesia de San Bartolomé el Viejo, que carecía de campana.

—Dos explicaciones curiosas.

—Más curiosa es la leyenda que aporta misterio a la Casa de las Campanas; dice que fue escondite de Benito Soto Aboal, pirata pontevedrés del siglo XIX, que en ella escondió el tesoro de una de sus fechorías, pero nunca se encontró ese tesoro.

—¡Sorprendente!

Nos dirigimos a la calle Manuel Quiroga, situándonos ante la fachada del Liceo Casino, de carácter monumental.

—Es obra del arquitecto Domingo Lareu. Es de estilo neoclásico.

El cuerpo central, el que acoge el acceso al edificio, se adelanta al resto de la fachada; presenta tres niveles; los dos primeros ofrecen tres arcos de medio punto entre columnas dóricas sobre pedestal, además de entablamento y cornisa, y el tercero cuenta con tres vanos; este cuerpo lo remata un frontón triangular sobre un cuerpo horizontal que lo eleva.

Bajamos la calle Duque de Tetuán hasta la Capilla del Nazareno, del siglo XIV y de estilo gótico. En el exterior, llama la atención la imagen de la Virgen María con el Niño en el regazo; es un relieve en piedra.

—El interior acoge la imagen de Jesús Nazareno. Los pontevedreses más devotos vienen el primer viernes de marzo a pedir las Tres Gracias.

—¿Cuáles son las Tres Gracias?

—Las que cada creyente quiera solicitar al Nazareno.

Desandamos la calle Duque de Tetuán para acceder a la plaza de Teucro por la calle Princesa.

—Esta plaza lleva el nombre de Teucro, el arquero griego, que, según la leyenda, se enamoró de la sirena Leucoiña, que le trajo hasta estas tierras para fundar Pontevedra, después de que participase en la guerra de Troya. Así pues, esta plaza debería llamarse de Teucro y Leucoiña.

—Es una bonita leyenda.

—La leyenda fue creada por la aristocracia local durante el Renacimiento, pero no hay restos arqueológicos que demuestren su veracidad. Pontevedra es de fundación romana.

Anduvimos hasta el centro de la plaza.

—Esta plaza es del siglo XVIII. Antes de llamarse de Teucro, se llamó «del Pan» por los muchos hornos de pan que había a su alrededor.

—Me gusta por los soportales, los edificios de piedra con balcones de hierro forjado y galerías, el arbolado, los bancos para sentarse… Es una plaza señorial. ¡Y se ve que es muy animada!

—Los palacios de los Gago y Montenegro, del Conde de San Román y de Aranda y Guimarey le dan el aire señorial al que te refieres. Las fachadas de los tres edificios llaman la atención por la decoración heráldica.

Fui señalando cada uno de los edificios.

Descendimos una de las escalinatas que se ubica en el lado este de la plaza, a unos metros del palacio de Aranda y Guimarey.

—Sustituiría esta fuente por otra monumental que incluyese un conjunto escultórico que representase a Teucro y Leucoiña.

—Se lo puedes proponer al alcalde.

Reímos.

—No creo que me hiciese caso.

—Los turistas echaríamos monedas a la fuente y pediríamos un deseo.

—¿Qué deseo pedirías?

—Hacer otro viaje como este.

Cerca de nosotros se situaron dos jóvenes; iniciaron un número de malabares, cada uno con tres mazas. Almudena les echó una moneda en el sombrero que uno de los jóvenes había dejado en el suelo. Los malabaristas respondieron con un número más complicado, se lanzaron las mazas el uno al otro. Varios viandantes se detuvieron a ver el espectáculo; todos aplaudimos, algunos nos acercamos a echar unas monedas en el sombrero. Los malabaristas nos lo agradecieron con una reverencia.

—Me dijiste que hacías malabares.

—Hacía malabares con tres bolas.

Enfilamos la calle Real hasta la plaza de Curros Enríquez.

—Esta plaza rinde homenaje a don Manuel Curros Enríquez, poeta del *Rexurdimento* de finales del siglo XIX. Su obra más destacada es *Aires da miña terra*, en español *Aires de mi tierra*.

Accedimos a la plaza de la Herrería.

—Esta es la plaza principal de Pontevedra, hace las veces de plaza mayor.

—¿Por qué se llama de la Herrería?

—En los soportales trabajaban herreros, reconocidos entre los mejores desde el siglo XV; de hecho, los Reyes Católicos dispusieron que los hombres llevasen espadas hechas en Pontevedra.

—¡Qué entorno tan bonito! Me gusta la combinación de edificios de distintas épocas, los jardines, la fuente, la iglesia… Esta plaza parece hecha para encantar al visitante.

—En unos minutos volveremos a esta plaza y disfrutaremos de ella, pero antes te quiero enseñar un monumento muy simpático.

—¿Cuál?

—El monumento al loro Ravachol.

—¿Han dedicado un monumento a un loro?

—¡Sí, claro, al loro Ravachol! ¡Al loro más famoso del mundo!

Almudena me contagió su risa.

—¿Por qué es el loro más famoso del mundo?

—Te contaré su historia delante de su escultura.

Anduvimos unos metros.

—¡Te presento al loro Ravachol!

—¡Hola, loro Ravachol! Soy Almudena.

Reímos.

—Cuéntame su historia.

—Perteneció a Perfecto Feijóo, que regentaba una farmacia en la plaza Peregrina. El loro Ravachol le hizo compañía durante más de veinte años. El loro tenía fama de ser muy parlanchín.

—¿Por qué le llamó Ravachol?

—Así le bautizó su dueño en 1892, tras la ejecución del terrorista anarquista francés François Ravachol. El loro tenía un carácter muy rebelde, tanto que regañaba a los clientes de la botica que, haciendo ademán de regalarle un caramelo, luego no se lo daban; les decía: «*¡Vaite de aí, lambón!*». En español, en traducción libre y faltona: «¡Vete de ahí, zampabollos!».

Reímos.

—El loro Ravachol murió en 1913 por un empacho de bizcocho empapado en vino.

—¡El loro Ravachol, comilón y borrachín!

Almudena rio.

—¡No insultes ni te rías del loro Ravachol! Se dio noticia de su muerte en los periódicos. Al farmacéutico Feijóo le llegaron pésames de muchos sitios de España, ¡y del extranjero!

—¡Exageras!

—No exagero en absoluto. Los hechos que te estoy contando son ciertos. Es más, por la capilla ardiente del loro Ravachol desfilaron las autoridades locales y cientos de lugareños, siendo enterrado el Miércoles de Ceniza de 1913. ¡Y desde 1985 se recrea su velatorio en los carnavales de Pontevedra!

—¡Una historia simpática y sorprendente!

Una señora nos hizo una fotografía a Almudena y a mí con el loro Ravachol entre nosotros.

—En esta plaza de la Peregrina, en tiempos pretéritos, se ajusticiaba a los reos. A ella asoma la iglesia de la Virgen de la Peregrina; por delante de ella discurre el camino portugués a Santiago de Compostela.

Levantamos la mirada para observar la fachada de la iglesia.

—Es una de las imágenes más reconocibles de Pontevedra desde que se edificase a finales del siglo XVIII. Es obra del arquitecto Antonio Souto.

La fachada es convexa; presenta dos cuerpos, el primero de más desarrollo en altura que el segundo; en el inferior destacan las parejas de pilastras de orden gigante, flanquean el acceso; el segundo ofrece tres hornacinas con bóveda de vieira entre columnas corintias, que reciben las imágenes *Apóstol Santiago*, *Virgen Peregrina* y *San Roque,* los tres vestidos de peregrinos. Corona el cuerpo central un frontón partido; en su centro se alza una escultura alegórica de la fe. Las torres campanario esquineras son gemelas y subrayan la monumentalidad del templo.

—¿Qué importancia tiene la Virgen Peregrina para los pontevedreses?

—La Virgen Peregrina es la patrona de Pontevedra; también lo es del Camino de Santiago.

Nos situamos en la plaza de Orense.

—Desde aquí puedes apreciar que la iglesia de la Virgen Peregrina tiene planta de vieira, símbolo de los peregrinos a Santiago de Compostela. Así pues, la planta también subraya la singular personalidad de esta iglesia.

Regresamos a la plaza de la Herrería. Nos dirigimos a los jardines de Casto Sampedro, paseamos por ellos.

—Estos jardines rinden homenaje a Casto Sampedro y Folgar, célebre arqueólogo y folclorista pontevedrés.

—Me gustan porque están cuidados con un esmero cuasi monacal. También me gusta la fuente.

—Es la fuente de la Herrería, obra de João Lopes y Domingos Fernández, del siglo XVI. Se asemeja a las fuentes portuguesas de aquella época. Lopes era portugués. Ha estado ubicada en varios sitios de la ciudad hasta 1930, cuando regresó a la plaza de la Herrería tras ser restaurada.

—Creo que no podría estar en mejor sitio.

—La fuente se levantó para abastecer de agua a una población creciente y a los peregrinos que iban a Santiago de Compostela; de ahí, el cantar que dice:

*Pontevedra es buena villa,*
*da de beber a quien pasa,*
*la fuente de la Herrería,*
*San Bartolomé en la plaza.*

Nos orientamos hacia la iglesia de San Francisco, que asoma a los jardines de Casto Sampedro y a la que se llega ascendiendo una escalinata.

—La fachada, del siglo XIII, es de estilo tardorrománico. Es lo único que se conserva de la obra original. Se dice que el convento del que formó parte lo levantó san Francisco de Asís en una parada que hizo en el peregrinaje a Santiago de Compostela.

—El rosetón rompe la sobriedad del muro.

—Sirve para decorar la fachada e iluminar el interior.

Nos dirigimos a la plaza de la Estrella, que debe el nombre a la forma de la fuente que hay en ella.

A Almudena le llamó la atención la fachada del pazo de Barbeito y Padrón.

—Este edificio es conocido como la Casa de las Caras. Se levantó en el siglo XVI en estilo renacentista. Quienes se acercan a él lo hacen atraídos por sus motivos decorativos: en el primer piso el escudo de armas de Juan Barbeito y Padrón, y en el segundo, entre los vanos, los cuatro medallones con efigies, una de ellas con anteojos.

—¿Se sabe quiénes son los personajes esculpidos?

—Se acepta que debían ser miembros de la familia Barbeito y Padrón, por tanto, miembros de la nobleza local.

—Es el momento de tomar un café.

—Lo es.

—Hay que reponer cafeína para seguir adelante.

—El mío será descafeinado americano con hielo.

—Mucha agua y poco café.

Reímos.

Nos sentamos en una de las mesas dispuestas en la terraza de una cafetería. El camarero nos sirvió los cafés que pedimos.

—¡Una pasta de mantequilla! ¡Un detalle delicioso!

—Toma mi pasta.

—¿No te gusta?

—Necesito la cafeína, no la pasta.

—Me va a venir bien la segunda pasta, una para cada pierna.

Reímos.

—Apuesto a que te comerías la caja de pastas.

—¡Sí, claro! Además, lo haría sin cortarme, una detrás de otra hasta no dejar ninguna. ¡Me gustan las pastas de mantequilla!

—Te gustan más las pastas que el café.

—También me gusta el café.

—Debes ser poco cafetero si tomas café descafeinado americano con hielo.

—Me gustan varios cafés, por ejemplo, ruso, irlandés, *kahlúa*, *negroni*… El carajillo me gustaría más si se llamase de otra manera. Y me tengo por el creador del café *eucaliptus*, a base de café, nata y licor de eucalipto.

—Te gustan los cafés que llevan alcohol.

—En invierno son revitalizantes.

—¡Sí, claro, por eso los tomas!

Reímos.

—Los vecinos de esta plaza están de suerte por vivir aquí.

—¿Te gustaría vivir en esta plaza?

—Es encantadora y está llena de vida, igual que las que hemos visto.

—Igual que las que veremos. Pontevedra gusta por sus plazas y vitalidad.

Terminamos los cafés y abonamos la cuenta. Reanudamos nuestro caminar. Tomamos la calle Figueroa para ir a nuestra próxima parada.

—La plaza de la Leña es una de las más populares de Pontevedra. Es lugar de encuentro de amigos y vecinos y la visitan todos los turistas que pasan por la ciudad. Puedes ver que no hay una mesa libre en las terrazas.

—¿A qué debe su nombre?

—Los pontevedreses venían aquí a comprar la leña para sus cocinas. De eso hace muchos años.

Asoman a la plaza de la Leña viviendas populares y señoriales del siglo XVIII, de sillares de granito, unas con soportales, otras con balcones de hierro forjado y otras con galerías, todas de diferente altura.

Almudena me pidió que le hiciese una fotografía junto al *cruceiro* que ocupa el centro de la plaza de la Leña.

—Los *cruceiros* siempre me han parecido mágicos y atemporales.

—El *cruceiro* quizá sea el elemento más característico de la cultura gallega.

Antes de abandonar la plaza de la Leña, fijamos nuestra atención en el puente de piedra que comunica los edificios Castro Monteagudo y García Flórez, dos de las sedes del Museo de Pontevedra.

—Parece un puente salido de un relato de intriga ambientado en siglos pasados.

—Es original y útil, salido de una mente ingeniosa y práctica.

Recorrimos las calles Pasantería y Sarmiento para llegar a la iglesia de San Bartolomé.

—Pedro Monteagudo levantó la iglesia de San Bartolomé entre finales del siglo XVII y principios del XVIII por encargo de la Compañía de Jesús para su colegio en Pontevedra.

—La fachada es monumental.

—Es de estilo barroco jesuita, que contrasta con el barroco gallego tan característico.

La fachada de la iglesia de San Bartolomé llama la atención por las seis columnas de orden gigante sobre pedestal, tres a cada lado del cuerpo central, los frontones partidos, uno sobre el acceso, otro rematando la fachada, los relieves con los escudos de armas de España y los Pimentel y las torres-campanario esquineras.

—En su interior hay esculturas de gran valor, obras de los grandes imagineros barrocos Gregorio Fernández y Pedro de Mena. Pero la escultura que despierta más devoción es la que representa a la Virgen de la O embarazada.

—¿Por qué es la que despierta más devoción?

—Las mujeres embarazadas vienen a ella para que las proteja y poder tener un alumbramiento feliz.

La calle Sarmiento nos llevó hasta la plaza de la Verdura.

—Otra plaza de casas de piedra antigua, llena de alegría.

—A esta plaza se viene a comer tapas de los productos típicos de Galicia acompañadas por vinos del país.

—¡Por vino albariño!

—Creo que es tu vino favorito.

—Me gusta.

—En unos días se celebra la Fiesta del Albariño de Cambados, localidad de la ría de Arosa.

—No lo sabía.

—Pues ya lo sabes. ¿Te apuntas?

—Este año no puedo ir, pero iré el próximo.

La plaza de la Verdura está rodeada de casas recias, algunas del siglo XIV, adornadas con los escudos de las familias nobles que las habitaron.

—El comercio ha sido la actividad habitual en esta plaza, conocida como de la *Feira Vella* en textos del siglo XIV. Aquí se llegaron a vender paños de Sevilla y Portugal. Con el tiempo se asentó un mercado diario de verduras y hortalizas.

—Razón por la cual esta plaza se llama de la Verdura.

—Sí, así es. Desde hace años, en los días festivos, se celebra un mercadillo de antigüedades.

Nos acercamos al edificio más célebre de la plaza de la Verdura.

—Esta es la Casa de la Luz. Así se la conoce porque desde ella se empezó a suministrar luz eléctrica a Pontevedra en 1888, siendo la primera ciudad gallega en recibirla. Fue gracias a don José María Riestra, una de las personas que más ha hecho por el progreso de Pontevedra. El rey Alfonso XIII le concedió el título de marqués en 1893.

Volvimos a la calle Sarmiento para continuar hasta la cercana plaza de Méndez Núñez.

—En esta plaza, vivió y murió el contralmirante Casto Méndez Núñez. Lleva su nombre desde su fallecimiento en 1869.

—A este señor lo conozco, es don Ramón María del Valle-Inclán. Siempre me ha gustado leer sus obras.

—Valle-Inclán venía a esta plaza para participar en tertulias.

—¿Me haces una fotografía con él?

Almudena se mostró sonriente junto a la estatua del dramaturgo gallego, obra de César Lombera.

—A esta plaza aún se la conoce como la plaza de las Gallinas, porque aquí se celebraba un mercado, donde, además de otros productos, se vendían gallinas.

—¡Plaza de gallinas y hombres ilustres!

—¡Esta plaza ha dado para mucho!

Reímos.

—Vamos a la plaza de San José. Allí hay un conjunto escultórico que te gustará.

Dimos un agradable paseo hasta la plaza de San José.

—Este es el *Monumento a la Tertulia*, obra de César Lombera, el mismo que hizo la escultura de Valle-Inclán.

—Los tertulianos escuchan al violinista.

—El violinista es Quiroga y los tertulianos son los intelectuales Bóveda, Castelao, Paz Andrade y Cabanillas, que aparecen sentados, y Casares, de pie entre los dos anteriores.

Fotografié a Almudena, de pie, entre Bóveda y Castelao, haciendo del *Monumento a la Tertulia* un conjunto simétrico.

—A esta plaza asoma otra escultura con la que no te podrás fotografiar.

—¿Cuál?

—*El arquero Teucro*, de Cándido Pazos. Levanta la mirada y la verás.

Almudena se sorprendió.

—¡Es monumental!

A Almudena y a mí nos sonó el móvil.

—El hotel me envía un mensaje.

—A mí también.

Almudena leyó el mensaje:

—El hotel quiere compensarte por haber tenido que pasar la noche encerrada en el ascensor. Te invita a cenar y a la velada de música celta en la terraza-jardín del hotel.

—Mi mensaje dice igual.

—¡Ya tenemos plan para esta noche!

—Me gustaría regresar al hotel. Hemos caminado mucho. Me vendría bien descansar antes de cenar.

—Y a mí, porque la noche va a ser larga.

—Cenar, escuchar música y dormir a medianoche.

—¿Dormir?

# Ría de Pontevedra

Esperamos un instante en la puerta de acceso al comedor. El metre vino hasta nosotros.

—¡Señora, caballero, buenos días!

—¡Buenos días!

—Por necesidades de intendencia, hemos de cerrar el comedor en media hora. Cuentan con ese tiempo para desayunar.

—Tiempo suficiente.

—Acompáñenme hasta la mesa.

Había tres mesas ocupadas por otros clientes. Desde la mesa que el metre había elegido para nosotros se veía la terraza-jardín del hotel.

—¿Qué te apetece desayunar?

—Estoy hambrienta, pero solo comeré fruta.

—Yo también estoy hambriento. Comeré de todo: fruta, dulces, café, qué sé yo, lo que me dé tiempo a comer en media hora.

Reímos.

Nos dirigimos a la barra bufé. Nos servimos lo que nos pareció más apetecible a la vista. Regresamos a la mesa con platos bien servidos.

—¿Has pensado qué vamos a hacer hoy?

—Practicaremos varios tipos de turismo: por la mañana el cultural, visitando el monasterio de San Juan de Poyo, luego el gastronómico en la villa de Combarro y más tarde el de sol y playa en Sangenjo.

—¿Y por la noche?

—El que tú dispongas.

—Turismo musical y algo más.

Terminamos de comer la fruta, pero yo no di por terminado el desayuno. En cada panecillo tostado extendí una de las mermeladas que elegí de entre las muchas que se ofrecían: de manzana, limón, pera y naranja amarga.

—Te gustan las mermeladas.

—Me gustan todas las mermeladas, menos la de fresa.

—¿No te gusta la fresa? ¡A mí me encanta!

—Me gusta la fresa, pero no la mermelada de fresa.

Almudena guardó silencio hasta que terminé de desayunar.

—¿Satisfecho o te comerías otro desayuno?

—Satisfecho, pero me comería otro desayuno.

Reímos.

—Has de darme la razón cuando afirmo que bien desayunado se afronta el día con energía y buen humor.

—Te doy la razón.

Me levanté de la mesa sonriente.

Almudena puso en marcha el coche.

—¿Cuánto tiempo nos llevará llegar al monasterio de San Juan de Poyo?

—Veinte minutos.

Cruzamos el río Lérez por el puente de la Barca.

—Estamos de suerte, semáforos en verde y tráfico fluido.

—¡Llegaremos en quince minutos, que son cinco menos de lo previsto!

—Veinte menos quince igual cinco. Sabes restar. Para ser de letras no está mal.

—¡Soy un genio de las matemáticas!

Reímos.

Almudena estacionó el coche en la única plaza de aparcamiento que quedaba disponible.

—Prefiero visitar el monasterio por libre y que me expliques lo que vayamos viendo a aguantar a un guía, que va a reproducir por enésima vez una perorata anodina sin gracia alguna.

Mientras nos dirigíamos hasta la iglesia para observar su fachada, hice a Almudena un repaso sucinto de la historia del monasterio de San Juan de Poyo.

—La tradición afirma que fue san Fructuoso quien fundó el monasterio en el siglo VII, pero el primer documento en el que se cita la existencia del establecimiento monacal es de mediados del siglo X. Los mejores siglos del monasterio fueron el XVI, el XVII y el XVIII. Carlos V le concedió el privilegio de convertirse en Colegio Mayor de Teología. La desamortización de Mendizábal hizo que los monjes benedictinos dejasen el monasterio en 1835, quedando abandonado hasta 1890, año en el que se instalaron en él los monjes mercedarios.

—La fachada es de estilo barroco.

—La iglesia actual se inició a finales del siglo XVI en estilo renacentista siguiendo los planos de Juan Ruiz de Pomanes, pero la fachada se levantó en el siglo XVII y, como bien has dicho, es de estilo barroco.

Los dos observamos la fachada. El cuerpo central se divide en tres niveles: en el primero, dos pares de columnas gigantes de orden dórico sobre pedestales se sitúan a cada lado de la puerta de acceso; sobre esta, una hornacina cobija una escultura de san Juan Bautista, patrón de Poyo; el segundo nivel presenta cuatro columnas corintias, dos a cada lado de una vidriera y un escudo; remata el cuerpo central un frontón curvo partido por una peineta coronada por un frontón curvo. Dos torres-campanario esquineras cierran la fachada; una escultura de san Andrés descansa en una hornacina de la torre derecha y en una hornacina de la torre izquierda se reconoce la imagen de Santiago peregrino.

—La fachada es monumental.

—Es el elemento más representativo del conjunto monástico.

El acceso al monasterio es adintelado; sobre él se distinguen tres elementos, de izquierda a derecha: el escudo de la congregación de Valladolid, la imagen de san Benito, protegida en una hornacina, y el escudo del monasterio. Sobre estos elementos, asoma un balcón.

Accedimos al claustro del Cruceiro, así llamado por el elemento que lo preside, o de los Naranjos, puesto que su jardín está poblado por algunos de estos árboles.

—Este es el segundo de los claustros con los que cuenta el monasterio. Es de hechura barroca y se concluyó en el siglo XVIII. Sus pilastras son de orden gigante.

Observamos el mosaico *Camino de Santiago*, de Antoine Machourek.

—Narra el viaje de un grupo de peregrinos que parten de París y, siguiendo el Camino Francés, llegan a Santiago de Compostela. Aparecen nombradas las localidades más importantes de la ruta.

—Es de una grandeza y calidad impresionantes.

Pasamos al claustro de la Fuente.

—Este claustro se concluyó en 1600 en estilo renacentista; sin embargo, la bóveda es de tracería gótica. La fuente, que ocupa el centro del claustro, es de estilo barroco, obra del arquitecto Mateo López.

—Me parece interesante que convivan en un mismo espacio tres estilos artísticos tan diferentes.

—Resulta muy didáctico para el visitante, aunque un purista te diría que no respetar la unidad de estilo es un atropello al buen gusto.

Paseamos por las pandas claustrales.

—A este claustro también se le llama de las Procesiones porque la comunidad monástica celebra en él las procesiones de Semana Santa.

—Ya solo nos queda visitar el interior de la iglesia.

—Es de estilo renacentista.

La iglesia presenta tres naves longitudinales.

—Los elementos más llamativos son los arcos de medio punto, las pilastras, el coro, la cornisa, la bóveda casetonada y el florón que decora el crucero; en él puedes ver la fecha 1708, año en el que finalizaron las obras.

Nos acercamos al altar mayor para contemplar el retablo, obra que Bernardo de Cabrera realizó en la primera mitad del siglo XVII.

—Los retablos churriguerescos tienen elementos característicos como las columnas salomónicas, la ornamentación vegetal y el pan de oro.

—Las imágenes que lo llenan son de gran belleza.

—Otro retablo que hemos de ver es el del Santo Cristo, en la capilla homónima.

El centro del retablo está ocupado por una imagen de Cristo crucificado, acompañado por la Virgen María y san Juan, enmarcado por un arco deprimido, estípites y cuatro bajorrelieves circulares con escenas de la Pasión y coronado por dos ángeles y un bajorrelieve de la Última Cena.

—No conozco a esta santa.

—Es santa Trahamunda.

—No conozco a nadie que se llame como ella.

—Es muy querida por los gallegos por ser la patrona de los que sufren morriña. Descansa en este sepulcro.

Salimos del monasterio de San Juan de Poyo para dirigirnos a su parte posterior.

—Nunca he visto un hórreo de estas dimensiones.

—Es el más grande de Galicia, con una superficie que supera los 120 m². Tiene 51 pies, distribuidos en 17 filas y 3 hileras, cuando lo habitual son dos hileras.

—¿Cuándo se construyó?

—En el siglo XVIII.

Almudena fotografió el hórreo desde distintos enfoques.

—¿Cuál es nuestra próxima parada?

—El parque La Seca.

—¿Está lejos?

—Llegaremos en menos de cinco minutos.

Nos dirigimos hacia el coche.

—El itinerario más atractivo para llegar al parque La Seca desde el monasterio de San Juan de Poyo es la *Ruta dos Muiños da Freixa*, que sigue el arroyo Cancela, pero no tenemos tiempo para ir a pie, ver el parque y regresar.

Tardamos en llegar al parque La Seca más tiempo del previsto. No tuvimos la ocasión de adelantar a un numeroso grupo de cicloturistas. Almudena estacionó el coche en la plaza de aparcamiento que dejó libre un conductor.

—Aunque no tengamos tiempo para recorrer la *Ruta dos Muiños da Freixa*, sí lo tenemos para acercarnos a los primeros cuatro molinos.

Nos dirigimos hacia el riachuelo Cancela; lo remontamos disfrutando del frescor procedente de la vegetación ribereña y del caudal que llevaba.

—Este es el primer molino de los siete que componen la *Ruta dos Muiños da Freixa*, es *o muiño de Abaixo*.

Un grupo de turistas estaba curioseando alrededor del molino; uno de ellos lo fotografió.

—Yo también lo quiero fotografiar, pero cuando no haya nadie que pueda salir en la fotografía.

—Estos turistas parecen que van a tardar en marcharse. Vas a tener que conformarte con fotografiar otro molino.

Cruzamos el regato Cancela para encaminarnos hasta *o muiño da Outra Banda*.

—Desde aquí haré una fotografía que va a recoger la belleza del molino y del entorno.

Ascendimos un trecho del curso del río Cancela para pasar a la otra orilla.

—Este es *o muiño de Arriba* y ese otro *o muiño do Medio*.

Almudena fotografió los dos molinos.

—La combinación de agua, piedra y vegetación ha dado como resultado un paisaje de gran belleza.

—Apetece quedarse, pero hemos de seguir.

Llegamos a *o muiño de Abaixo*.

—Ahí siguen los turistas, dando vueltas y más vueltas al molino.

—Estarán buscando un tesoro.

Reímos.

—¡Por fin se van! Podré hacer la fotografía que no pude hacer antes.

Almudena obtuvo una fotografía de exposición.

Regresamos al parque La Seca, desde donde pudimos ver una panorámica de la ría de Pontevedra.

—¿Cuál es esa isla?

—La isla de Tambo, una isla con dos leyendas y un hecho histórico dignos de contar.

—Te escucho.

—La primera leyenda dice que san Fructuoso fundó el monasterio de San Martín, más tarde de Santa María de Gracia, abandonándolo para fundar el de San Juan de Poyo en el siglo VII.

—¿Qué dice la segunda leyenda?

—Sostiene que Abderramán I, en el siglo VIII, secuestró a santa Trahamunda, siendo todavía novicia, que no santa, y la llevó a Córdoba; sin embargo, la santa se negó a formar parte de su harén, siendo encarcelada. Once años después, en el día de San Juan Bautista, un ángel le entregó una rama de palma para que huyese del cautiverio y regresase a Poyo.

—¿Cuál es el hecho histórico?

—El pirata Francis Drake atacó el monasterio en el siglo XVI, aunque sigue en pie la iglesia monacal.

En los espacios infantiles había padres jugando con sus hijos; en otros lugares del parque había grupos de adultos conversando.

Nos encaminamos hacia el parque de la Memoria.

—Es obra de Pérez Esquivel, Nobel de la Paz en 1980. Rinde homenaje a los emigrantes.

Anduvimos entre la rosa de los vientos y los monolitos que lo componen. Nos detuvimos ante aquellos en los que aparecen grabadas las efigies de Rosalía de Castro, Alexandre Bóveda y Alfonso Castelao.

—Grandes escritores gallegos, pero mis favoritos son Camilo José Cela y Gonzalo Torrente Ballester.

Almudena fotografió el conjunto escultórico.

Vimos a un grupo de jóvenes desplegar cometas; esperamos hasta que las hicieron volar. Las cometas llamaban la atención por sus vivos y contrastados colores.

—Me gusta ver el cielo poblado de cometas.

—Las cometas hacen volar la imaginación.

—Con ellas viajas a un mundo feliz.

Paseamos de vuelta al parque La Seca. Cayó delante de Almudena un platillo volador.

—¡Disculpe, señorita! No era mi intención molestarla.

Almudena recogió del suelo el platillo volador.

—¿Quién de vosotros lo quiere recibir?

—¡Yo, yo!

Almudena lanzó el platillo volador con gran pericia, desplazándose por el aire hasta donde se encontraba el joven, que lo recibió con la mano derecha.

—¿Quieren jugar con nosotros?

—Solo unos minutos, disponemos de poco tiempo.

Nos situamos formando un cuadrilátero. Uno de los jóvenes lanzó un platillo volador; cada uno lo recibía y lo pasaba al compañero de juego siguiente; a continuación, dimos un paso hacia atrás para alejarnos y el primer joven puso a volar un segundo platillo; otro paso hacia atrás y un tercer platillo volando; y, el más difícil todavía, un cuarto paso atrás y un cuarto platillo volando, que no fui capaz de recoger en el aire, siendo eliminado; los jóvenes que nos invitaron a jugar fueron los siguientes en ser eliminados. Los tres aplaudimos a Almudena. Nos despedimos de los jóvenes.

—Tenemos que irnos si queremos ver Combarro antes de comer.

Almudena miró el reloj.

—¡Sí, vamos!

Nos dirigimos hacia el aparcamiento.

—Me lo he pasado muy bien jugando a los platillos voladores.

—Ha servido para hacer ejercicio.

—Poco ejercicio hemos hecho.

—Yo he hecho más ejercicio que en los últimos diez años.

Reímos.

Subimos al coche.

—En cinco minutos habremos llegado a Combarro.

Salimos a la carretera.

—¡No me lo puedo creer! ¡Otra vez un grupo de cicloturistas!

—Quizá sea el mismo grupo que vimos antes.

—Es otro grupo. Visten con una equipación diferente.

—El cicloturismo se ha puesto de moda.

—Tardaremos más de cinco minutos en llegar a Combarro.

—Combarro nos lo sabrá perdonar.

Reímos.

—¿Qué veremos en Combarro?

—Hórreos y casas de pescadores, de piedra, y plazas y *cruceiros*, también de piedra.

—En Combarro hay mucha piedra.

—Y macetas con geranios.

Reímos.

—También hay lugareños y turistas.

—¡Y cicloturistas!

Reímos.

—¡No hay manera de adelantarlos!

—Apuesto a que van a Combarro.

—¡No seas gafe!

—No lo quiero ser.

—¿Qué sugieres que comamos en Combarro?

—Mejillones de la ría, criados en las bateas.

—¡Comeremos algo más que mejillones!

—Otros productos de la ría.

—No te pregunto qué beberemos, porque sé que beberé una copa de albariño.

—O dos.

—O tres.

—¡La botella entera!

Reímos.

—¿Y de postre?

—Un dulce muy dulce, contundente, hipercalórico.

—Pediremos la carta de postres.

—Mejor pedir los postres de la carta.

Reímos.

—También pediremos café y licor de hierbas.

Los cicloturistas indicaron que iban a girar a la izquierda.

—Has ganado la apuesta: los cicloturistas van a entrar en Combarro.

—Y nosotros detrás de ellos, parecemos una comitiva.

Reímos.

Almudena pudo elegir la plaza de aparcamiento donde estacionar el coche.

—Combarro está considerado uno de los pueblos pesqueros más bellos de España. Un pueblo de piedra levantado sobre una roca. ¿Qué prefieres ver primero: los *cruceiros* o los hórreos al borde del mar?

—Los hórreos.

—Mejor los *cruceiros*.

Reímos.

—¿Por qué me has preguntado qué quería ver primero si tenías decidido que lo primero que vamos a ver son los *cruceiros*?

—Quiero que la primera visión que tengas de los hórreos sea desde la playa de Padrón.

Nos dirigimos hacia la calle San Roque.

—Veremos plazoletas diminutas, pero con *cruceiro*, elemento que las ennoblece. Quiero que te fijes en todos los *cruceiros* que veamos.

—¿Por qué?

—Más adelante te haré una pregunta relacionada con los *cruceiros*. Me servirá para comprobar si eres buena observadora.

—¡Vas a pillar!

—Eso lo dicen los malos alumnos.

Reímos.

Tomamos la calle San Roque. No tardamos en llegar a la iglesia homónima.

—Se construyó en el siglo XVIII en un barroco muy contenido.

Al atrio, limitado por un muro bajo, se accede por una escalinata. La fachada presenta un único acceso adintelado, vano cuadrado y espadaña; esta ofrece dos arcos de medio punto, que acogen sendas campanas, y un frontón mixtilíneo perforado por un arco de medio punto. Decoran la fachada cuatro pináculos y una cruz.

—San Roque es el patrón de Combarro por haber salvado a sus habitantes de la peste siglos atrás.

Almudena observó el *cruceiro* antes de seguir adelante.

Llegamos a las llamadas casas *mariñeiras*, las casas de los pescadores.

—La planta baja hacía las veces de almacén donde se guardaban los útiles de pesca y la primera cumplía la función de vivienda.

—Me gusta que los balcones estén poblados de tiestos con flores, aportan alegría y color.

—Apetece vivir en una de estas casas.

Almudena fotografió una de las casas *mariñeiras* y seguimos nuestro camino con paso decidido hasta la plaza de la Fuente, dispuesta en pendiente.

—Debe su nombre a la fuente de piedra, que desplazó de su ubicación original al *cruceiro* que ahí ves.

—De los *cruceiros* que hemos visto, este es el más llamativo. Debería ocupar el centro de la plaza.

—La plaza dejaría de llamarse plaza de la Fuente.

—Se llamaría plaza del Cruceiro.

—Este *cruceiro* es del primer cuarto del siglo XVIII. Lo distingue la Piedad y los elementos de la Pasión y el Descendimiento.

—Completo el nombre que habría de tener esta plaza si el *cruceiro* estuviese donde debería, plaza del Cruceiro de la Piedad.

—Un nombre muy bonito.

Almudena fotografió la plaza y el *cruceiro*.

—Ahora tienes que contestar la siguiente pregunta: ¿qué tienen en común los *cruceiros* de Combarro?

—Son de granito.

—Todos son de granito, pero no es la respuesta correcta.

—Se encuentran en una plaza.

—Todos los que hemos visto se encuentran en una plaza, pero no es la respuesta correcta.

—¿Cuál es la respuesta correcta?

—Todos tienen la imagen de la Virgen mirando al mar. Los pescadores se encomiendan a ella para que los proteja mientras salen a faenar.

—Muy interesante. Es un dato que no se me va a olvidar.

Bajamos a la playa de Padrón.

—Es una vista muy bella.

—Son los famosos hórreos al borde del mar. No te quedes con las ganas, haz una fotografía.

—¡Claro que la voy a hacer!

—Con la marea baja podríamos haber ido a pie hasta los hórreos por el lecho de la ría. También habríamos visto a las mariscadoras haciendo su trabajo.

Elegimos qué comer después de leer la carta en el expositor.

—Buenas tardes. Queremos una mesa para dos.

—Buenas tardes. Síganme.

Tuvimos suerte. La mesa que nos dieron tenía vistas a la ría. Sirvieron albariño en nuestras copas. Brindamos por nosotros.

—Un vino delicioso.

Nos sirvieron el entrante solicitado: mejillones al vapor.

—Los mejillones son de la ría, cultivados en nuestras bateas.

—Nos gustarán.

El camarero se retiró.

—Mejillones grandes y carnosos, como tienen que ser.

—Los mejillones gallegos son los mejores.

Almudena comió un mejillón, lo saboreó y comió otro.

—Sí, son los mejores mejillones que he probado.

—Brindemos por los mejillones gallegos.

Brindamos y comimos más que hablamos.

—Buena comida, buen vino, vistas al mar, ¡¿qué más se puede pedir?!

—Que traigan el plato principal.

Reímos. Al poco rato, nos sirvieron el plato principal.

—Es la primera vez que voy a comer arroz con pulpo y gambas.

—No te podías ir de Galicia sin probar este plato.

Del plato a la boca.

—Me gusta. Se aprecia el sabor y textura de cada ingrediente. Es una delicia para el paladar.

—Y para el estómago, que estoy hambriento.

Reímos.

Con cada bocado de comida y cada trago de albariño crecía nuestro sentimiento de felicidad compartida, que culminó con el postre, tarta de requesón.

—Ahora hemos de bajar la comida.

—La bajaremos con el café, el licor de hierbas y paseando.

Salimos del restaurante para recorrer aquella parte de la villa que no vimos antes de sentarnos a comer.

—Estos hórreos son singulares, porque en ellos, además de secarse el cereal, se secaba el pescado.

Almudena me pidió que la fotografiase junto a un hórreo. Llamó su atención por lo bien cuidado que lucía y las macetas con flores que lo adornaban.

Nos detuvimos ante una tienda de recuerdos. Compramos sendas camisetas estampadas con los hórreos de Combarro asomados a la ría.

—Ya hemos hecho todo lo que teníamos que hacer en Combarro: conocerlo, comer y comprar. Nos queda pasar un rato de playa, darnos un baño, tomar el sol y andar por ella.

—Sangenjo ofrece muchas y buenas playas.

—Llegaremos en unos minutos, siempre que no nos topemos con otro grupo de cicloturistas.

—¡No, por favor! ¡Quiero llegar pronto a la playa!

—¡Y disfrutarla!

—¡Sí, disfrutarla!

Almudena tomó la carretera que nos llevaría a Sangenjo.

—¿Has pensado a qué playa vamos a ir?

—Hay playas muy diferentes, grandes, pequeñas, urbanas, para surfistas…

—Nunca he practicado el surf.

—Ni yo.

—¿Cuál es la playa más conocida?

—No sabría decirte… Silgar, Portonovo, Canelas, Caneliñas, Montalvo, La Lanzada…

—Iremos a la primera que has mencionado.

—La playa de Silgar es mi favorita. Me gusta andar por su arena y por su paseo marítimo.

Nos sonó el móvil a Almudena y a mí.

—El mensaje del hotel de todas las tardes. Informa de que después de cenar habrá un concierto de fado. Un guiño a los turistas portugueses.

—No me lo quiero perder.

—Ni yo.

Almudena miró el reloj del salpicadero del coche.

—Dos horas de playa, vuelta al hotel, ducha, cena y música.

—Tercera noche de música.

—Es agradable irse a la cama habiendo escuchado música; limpia la mente antes de dormir.

—Hay estilos musicales que no limpian la mente y sí crispan el espíritu: el rap, el reguetón…

—¡No me gustan el rap ni el reguetón, horror!

—Mejor el silencio que ciertos estilos musicales.

—Silencio, ausencia de sonido entre dos notas musicales.

Reímos.

—No escuchaba la definición musical de silencio desde el instituto.

—Esa es la playa de Silgar. A ver si tenemos suerte con el estacionamiento.

—La tendremos. He visto una señal de aparcamiento público.

Desde un mirador pudimos observar la playa de Silgar en toda su extensión.

—¡Una escultura en el mar!

—Es *La sirena de Silgar*, de Alfonso Vilar Lamelas, un artista local, fallecido hace años. Tiene más obras en poblaciones cercanas.

Nos dirigimos hacia la playa.

—Lo primero que haré será darme un baño.

—Cuidaré de tus cosas.

—Luego tomaremos el sol mientras damos un paseo.

Nos descalzamos antes de entrar en la playa.

—¡Qué ganas tengo de bañarme!

Almudena se quedó en bikini. Guardé en una bolsa su ropa, móvil y reloj.

—Iré hasta *La sirena de Silgar*.

—Ten cuidado. No te acerques demasiado. Puedes golpearte con la roca a la que está unida.

—Daré una vuelta a su alrededor.

Vi a Almudena meterse en el mar. Pensé qué hacer durante una fracción de segundo. Me senté en la arena de la playa. Dediqué el tiempo a jugar una partida de ajedrez en el móvil.

—David, ¿qué haces solo en la playa?

Miré hacia arriba.

—¡Juan José, qué sorpresa!

Me puse en pie.

—No estoy solo. Almudena está nadando. ¿Qué haces en Sangenjo?

—Disfrutando de la semana de playa de todos los veranos. Hay que contentar a la familia.

—¿Dónde la tienes?

—En el paseo marítimo.

Saludé a la familia de mi amigo, siendo correspondido.

—Tienen prisa.

—¿Adónde vais?

—Quieren pasar la tarde en Combarro.

—Almudena y yo hemos estado allí esta mañana. Es un pueblo muy bonito. Os gustará. Gusta a todos los que lo visitan.

—Me voy. A ver si nos vemos en Madrid.

—Te llamaré para tomar unos cafés.

Nos despedimos. Justo después, Almudena apareció junto a mí.

—¿Quién era?

—Le di clase hace años, ahora es amigo.

—Me gusta tomar el sol mientras paseo por la playa.

—Y a mí.

Iniciamos el paseo.

—Los residentes en los apartamentos de primera línea de playa tienen una panorámica muy bonita.

—Deben ser unos apartamentos muy solicitados.

Devolví a unos niños un balón de playa que llegó hasta mí.

—De no tan pequeño jugaba al fútbol playa.

—Durante años jugué al vóley playa.

—Llevo años sin hacer deporte.

—Yo sigo practicándolo.

—Tienes todo mi apoyo moral, que no creo que te sirva de mucho.

Reímos.

—Nos queda menos de la mitad para llegar al final de la playa.

—O al principio. Vista a lo largo, nunca he sabido dónde empieza y dónde termina una playa.

Almudena apretó el paso.

—¡Ya hemos llegado al final de la playa!

—O al principio.

Reímos.

—Recupera el resuello mientras me visto.

Entregué a Almudena la bolsa con sus pertenencias. Nos limpiamos la arena de los pies, ella se vistió y yo me calcé.

—Ahora toca andar el paseo marítimo.

—¡Que sea a un ritmo cardiosaludable, por favor te lo pido!

—¡Qué dramático te pones!

Reímos.

Almudena atendió mi súplica. El paseo de vuelta fue más tranquilo, con parada incluida.

—¡Hola, Juan Antonio!

—¡Hola, David!

—Eres el segundo alumno y amigo que veo hoy.

—¿A quién has visto primero?

—A Juan José. Lo he visto hace media hora. Está pasando unos días en Sangenjo.

—Yo también. Lo llamaré para vernos los tres.

—Los tres tenemos que vernos en Madrid. Nosotros regresamos a Pontevedra ahora. Mañana continuamos viaje.

—¡Hasta Madrid!

—¡Hasta Madrid!

Reanudamos el paseo.

—Dos coincidencias en media hora.

—¡Y ha tenido que ser en Sangenjo! Algo así nunca me ha pasado ni en la Gran Vía de Madrid.

—Ni a mí en el Sardinero de Santander.

Reímos.

Me detuve a comprar una postal.

—Ya nadie envía postales.

—Soy un nostálgico.

—Un anticuado.

—Peor, soy una antigualla herrumbrosa, un anacronismo.

Reímos.

—Tampoco tienes que ser tan duro contigo mismo.

—Siempre me ha gustado escribir postales.

Vimos la playa de Silgar por última vez desde el mirador desde el que la vimos por primera vez.

—Mi próximo viaje a Galicia lo iniciaré en Sangenjo.

—¿Y dónde lo terminarás?

—Donde muchos lo terminan, en Santiago de Compostela.

# Un día en Cambados
# y una noche con Ana

Desayunamos temprano, abundante y sin perder el tiempo.

—Quiero llegar a Santander a media tarde.

—Y yo a Cambados antes del mediodía.

Reímos.

—¿Qué ruta vas a seguir para llegar a Santander?

—Saldré temprano para pasar unas horas en León, una de mis ciudades favoritas. Visitaré la catedral, la Casa Botines, de Antonio Gaudí, y el parador nacional de San Marcos, donde comeré. Creo que no me dará tiempo a visitar otros lugares de interés. Espero llegar a mi destino a última hora de la tarde.

—Quizá deberías pasar una noche en León. Así te daría tiempo a ver toda la ciudad.

—No dispongo de esa noche. Tengo muchas cosas que hacer a mi regreso a Santander.

Terminamos de comer la fruta.

—¿Escribiste la postal que compraste ayer?

—No.

—¿Cuándo la vas a escribir?

—Después de despedirnos subiré a la habitación, la escribiré en un minuto y de camino a la oficina de Correos decidiré a quién se la envío.

Reímos

Terminamos de desayunar.

Antes de separarnos, nos abrazamos en el vestíbulo del hotel.

—Han sido tres días muy intensos.

—Tres días que me han gustado mucho.

—Nos mantenemos en contacto.

—Hasta el próximo viaje.

Entré en la habitación. Miré el reloj y pensé: «Tengo tiempo».

Me senté a la mesa, tomé la postal y la observé durante unos minutos. Intenté rememorar la primera vez que visité la playa de Silgar, pero los recuerdos eran inconsistentes e inconexos. No recordé haberme bañado en el mar, ni paseado por la playa; recordé haber recorrido el paseo marítimo y haber comprado una postal, pero no a quién la envié, ni qué escribí. Pensé: «No me puede volver a pasar». Escribí en la postal: «Te gustará pasear por la playa de Silgar».

Salí al balcón para ver por última vez la terraza-jardín del hotel. Recordé alguna de las piezas musicales de los conciertos de las pasadas noches.

Volví a sentarme a la mesa. Consulté en el móvil el horario de autobuses a Cambados. Miré el reloj. Hice un rápido cálculo mental. Pensé: «¡He de irme ya!».

—¡Buenos días!

—¡Buenos días! ¿Ya nos deja?

—Sí. Continúo con el viaje.

—Le preparo la factura en un instante.

Aboné la cuenta.

—Hasta mi próximo viaje a Pontevedra.

—Será bien recibido.

—¡Adiós!

—¡Adiós! ¡Feliz viaje!

—¡Gracias!

Vi un estanco. Me puse a la cola.

—Esta cola no avanza.

—Siempre tiene que haber un cliente pesado, sin ninguna prisa, que disfruta molestando.

—Ya sabe, hay policías, bomberos, profesores y molestadores.

Reímos.

—¿Tiene prisa?

—Sí. Quiero echar al correo una postal antes de tomar un autobús a Cambados.

—Está de suerte. Le indico: vaya por esa calle, a unos doscientos metros encontrará una oficina de Correos. Además, le coge de camino a la estación de autobuses.

—¡Gracias! ¡Y que la espera sea corta!

—¡Y que el estanquero me regale un mechero!

Reímos.

—¡Adiós!

—¡Adiós!

De camino a la oficina de Correos decidí a quién enviar la postal, al amigo coleccionista, que lo mismo atesora latas de cerveza vacías que cajetillas de cerillas llenas, sellos, álbumes de cromos, casi cualquier cosa. Como también colecciona monedas, introduje en el sobre, acompañando a la postal, una moneda de diez céntimos de euro de Lituania.

Llegué a la estación a tiempo de tomar el autobús que me permitiría llegar a Cambados antes del mediodía. Se lo comuniqué a Ana por WhatsApp. Recibí su respuesta: «Te estaré esperando».

El conductor inició la marcha.

Pensé: «Si hubiese tren a Cambados, habría ido en tren».

Perdí la cuenta del número de paradas que estaba efectuando el autobús y la de personas que subían y bajaban del mismo en cada parada.

Un joven subió al autobús. Fue a sentarse a mi lado. Sacó el móvil para ver un vídeo musical de no sé qué grupo estridente, representante de una subcultura aberrante. Pensé: «Otro molestador. Este odia la música». Tuve suerte, se apeó dos paradas después, evitando que fuese yo quien me bajase del autobús.

Tuve más suerte con mi siguiente acompañante, una señora que se mantuvo entretenida encontrando palabras en una sopa de letras de una revista de pasatiempos. La señora se bajó tres paradas después, dejando la revista en el asiento que había ocupado. Tomé la revista y la abrí al azar por el pasatiempo «une los puntos y dibuja». Con bolígrafo azul fui uniendo los puntos. Cuando se adivinaba qué escena iba a llenar la página, el autobús dio un brusco respingo, lo que provocó que hiciese un garabato. Pensé: «¡Maldito bache!» Pero no fue un bache el que tuvo la culpa, y sí el resalto de un paso de cebra, o el conductor por no aminorar la velocidad a tiempo, o el alcalde por autorizar un resalto tan elevado. Terminé de expulsar mi rabia tachando el frustrado dibujo con un aspa. En la escena que iba a llenar la página se reconocían a Mortadelo y Filemón en un descapotable destartalado.

Lo que restó de viaje lo pasé mirando el paisaje. No sufrí ningún otro «percance».

El autobús llegó puntual a su destino. Ana me estaba esperando. Nos saludamos de manera afectuosa.

—Me alegra verte.

—Gracias por recibirme y alojarme en tu casa.

—Espero que vengas descansado.

—¿Por qué?

—El día y la noche van a ser largos.

—¿Qué me espera?

—Lo pasaremos bien.

—¿No me puedes adelantar algo?

—Te quiero sorprender.

Sonreí.

Ana me llevó a su piso.

—¡Bienvenido a mi humilde morada vacacional!

—Muy agradecido.

Empleé unos minutos en deshacer el equipaje y ordenar la ropa en el armario.

Ana había preparado en la mesa del comedor una tabla de quesos, un par de copas y una botella de albariño.

—Este presente es para ti.

—¿Qué será?

Ana desenvolvió el regalo.

—¡Caramelos violeta!

—Típicos de Madrid.

—¡Con lo que me gustan los caramelos! Pero ahora vamos a brindar por nosotros.

Ana abrió la botella de albariño y medió las copas. Brindamos, bebimos y comimos unas porciones de queso.

—Aún me acuerdo de todo lo que comiste en la Feria de Quesos Gallegos de Orense.

—Me puse a reventar.

Reímos.

—¿Estás de vacaciones u ocupada en algún proyecto artístico?

—Estoy haciendo series fotográficas que iré publicando en mi web en las próximas semanas. También estoy terminando de preparar el material para mi próxima exposición.

—Te voy a distraer de tus ocupaciones.

—En absoluto. Me vas a acompañar en mis tareas, pero nos quedará tiempo para divertirnos.

—Tú dirás qué hacemos.

—Primero, un corto paseo por el centro antes de comer.

—¡Vamos!

No terminamos la tabla de quesos, pero apuramos las copas de albariño.

Hicimos la primera parada en la plaza Ramón Cabanillas. Llamó mi atención la escultura *Baco, dios del vino*, de Francisco Leiro. Baco aparece sujetando un racimo de uvas con la mano derecha y un barrilete con la izquierda. La estatua es de bronce.

—Esta obra conmemora la Fiesta del Albariño, a la que iremos pasado mañana. Sitúate junto a Baco, te quiero fotografiar con él.

—¡Amigo, Baco, sonríe!

—¿Por qué hablas a una estatua?

—Me falta en la mano una copa de albariño.

Reímos.

—Adopta una expresión simpática si quieres salir favorecido, ¡pero deja de reír!

Obedecí a Ana.

—Déjame ver la fotografía.

—Has salido bien.

—Al menos, se me reconoce.

Reímos.

—Quiero que veas el edificio consistorial y el monumento a Ramón Cabanillas.

Llegamos en un par de minutos.

—¿Qué te parece?

—Es un edificio sobrio, pero con un toque de monumentalidad gracias a la torre del Reloj. ¿Sabes cuándo lo construyeron?

—En 1850. Es una fecha fácil de recordar.

Para construir el edificio se emplearon sillares de granito. Es de líneas adinteladas, pero el acceso se realiza bajo un arco de medio punto sobre el que se abre un balcón. La torre del Reloj remata el cuerpo central.

—Ahora quiero que te sientes junto a Ramón Cabanillas, *Poeta da raza*.

—Me sentaré junto a la escultura que lo representa.

El monumento a Ramón Cabanillas es obra de Lucas Míguez. Conmemora el quincuagésimo aniversario de la muerte del poeta, acaecida en 1959. Aparece sentado en un banco de hierro forjado, haciendo una pausa en la labor de escribir, mirando al horizonte, buscando el auxilio de las musas.

—Adopta la misma pose que Ramón Cabanillas.

—No soy poeta. No puedo posar como un poeta.

Posé mirando hacia la libreta en la que Ramón Cabanillas escribía sus poemas.

—No es la fotografía que te quería haber hecho, pero has salido favorecido.

—¿Qué obras de Ramón Cabanillas me recomiendas leer?

—Solo he leído dos de sus poemarios: *Vento mareiro*, en español *Viento de marea*, escrito mientras vivió en Cuba, y *Camiños no tempo*, en español *Caminos en el tiempo*, de su última etapa.

Cruzamos la calle para acceder al paseo marítimo. Anduvimos hasta la escultura *El mariscador*, de Alfonso Vilar Lamelas.

—Esta obra rinde homenaje a los mariscadores de la ría de Arosa.

—No me pidas que me suba a ella para fotografiarme.

—¡Ni se me ocurriría!

—No quiero que me detenga la Policía Municipal.

Reímos.

Dimos una vuelta alrededor de la escultura para observarla desde todos los puntos de vista.

Cruzamos la calle por el paso de cebra; Ana lo hizo pisando las bandas blancas, yo evitándolas.

—Tenemos que visitar la Casa-Museo Ramón Cabanillas.

—¿Dónde está?

—La tenemos delante.

—¡Pues adelante!

La Casa-Museo Ramón Cabanillas es una casa marinera construida con sillares de piedra. Muchos de los objetos expuestos llamaron mi atención y me detuve a observarlos: dibujos, grabados, fotografías y muchos otros.

—Por tener estos artículos me haría coleccionista.

Las primeras ediciones de las obras de Ramón Cabanillas me parecieron piezas de artesanía.

—Apetece tener uno de estos libros entre las manos, leerlo y releerlo, disfrutar sin prisa de cada verso.

El despacho de Ramón Cabanillas, en el que leía y escribía, luce sobrio, sin concesiones a distracciones superfluas. Sobre la mesa de trabajo descansa una de las primeras máquinas de escribir, un objeto digno de exhibirse en un museo de arqueología industrial.

Abandonamos la Casa-Museo Ramón Cabanillas para dirigirnos al cercano pazo Bazán.

—Lo mandó construir el párroco Pedro Bazán de Torres en el siglo XVII, lo reformó el escritor Pedro Bazán de Mendoza en el siglo XVIII y vivió en él la escritora Emilia Pardo Bazán en el siglo XIX.

—Cambados debe mucho a la familia Bazán.

—Desde los años sesenta del siglo XX es parador nacional de turismo.

—Es un edificio imponente. Me gustaría vivir en él.

—Y a mí. Pero en él solo vamos a comer. Tenemos mesa reservada.

—¡Fantástico!

Seguimos las recomendaciones gastronómicas que nos hicieron y brindamos con albariño.

—¡Por nosotros!

—¡Alegría, alegría, una fiesta cada día!

Reímos.

Comimos parrillada de verduras de temporada y brochetas de rape y vieiras con ensalada.

—No sé cuál de los dos platos me ha sabido mejor.

—Yo he disfrutado con los dos por igual.

—¿Pero si tuvieses que elegir uno…?

—Elegiría las brochetas de rape y vieiras con ensalada.

—¿Por qué?

—No me puedo resistir a las vieiras.

—Todavía no he visto que te hayas resistido a un plato de comida bien hecho.

—De esta vida llevarás tripa llena y nada más.

Reímos.

Nos sirvieron el postre, bizcocho de nueces con helado de miel.

—Ana, mil gracias por haberme traído aquí.

—Se te van a caer los ojos al plato.

—¡Cuánto voy a disfrutar!

Saboreé el primer bocado.

—Si no me hiciese daño me comería una docena.

—Eso sería gula.

—Dulce pecado.

—Sí, está delicioso.

Rematamos la comida con un café.

—¿Y ahora qué?

—Tenemos mucho que ver en Cambados.

Cruzamos la calle.

—Esta es la escultura *Francisco Asorey*, de Lucas Míguez. Se erigió en 2011 para conmemorar el quincuagésimo aniversario del fallecimiento del escultor cambadés. La escultura está hecha en bronce. Se reconoce a Francisco Asorey trabajando en su taller.

—Cambados, tierra de artistas: Francisco Asorey, escultor, y Ramón Cabanillas, poeta.

Recorrimos la calle Príncipe hasta la plaza Asorey.

—*La nacida* es una de las primeras obras de Asorey. Simboliza la maternidad y la protección de los hijos.

Sobre un bloque de piedra, en el que aparece la efigie del escultor de perfil en mesorrelieve, descansa *La nacida*, una madre que sostiene en el regazo a su hija recién llegada a este mundo. La escultura está rodeada por un pequeño jardín circular y protegida por una verja de hierro forjado.

Tardamos unos minutos en caminar la calle Real hasta la plaza de Fefiñanes.

—Esta plaza es la más conocida de Cambados. Durante mucho tiempo se la conoció como la plaza del Mercado porque aquí se celebraba el mercado todas las semanas.

—Apetece estar en esta plaza para admirar la belleza de los edificios que la limitan y la dotan de una personalidad señorial.

—Los edificios a los que te refieres son el palacio de Fefiñanes, el arco-puente y la iglesia de San Benito.

Nos situamos en el centro de la plaza para tener una visión completa del palacio de Fefiñanes.

—Don Juan Sarmiento Valladares, consejero de Felipe II, mandó construir el palacio de Fefiñanes en el siglo XVI. Es de estilo renacentista. Fue declarado Bien de Interés Cultural en 2021.

El palacio de Fefiñanes se dispone en L. Los elementos más llamativos son la torre almenada que se yergue en la esquina del brazo corto, los balcones circulares esquineros, las molduras triangulares sobre los balcones y la decoración heráldica barroca que corona los cuerpos de acceso al edificio.

—Desde hace décadas el palacio de Fefiñanes acoge las Bodegas del Palacio de Fefiñanes, que presumen de ofrecer el mejor albariño desde 1928. Su lema dice: «El vino, como las personas, cuanto más cerca esté de su origen, más cerca estará de su verdad».

—Estoy de acuerdo.

—Son vinos Denominación de Origen Rías Baixas. Las uvas se recogen en Cambados. Son vinos que combinan muy bien con marisco, cocido o a la plancha, ahumados, pescado blanco, arroz con marisco y quesos.

—Tengo que comprar una botella de albariño de las Bodegas del Palacio de Fefiñanes.

—Primero tenemos que terminar de ver la plaza.

El arco-puente pasa sobre la avenida Rosalía de Castro. Es del siglo XVI. Ofrece arco de medio punto rebajado y decoración heráldica insertada en la balaustrada, sobre la clave del arco.

—Al final de la muralla se encuentra la torre del Homenaje. Quiero que la veas y que leas su inscripción.

La torre del Homenaje es una torre-mirador del siglo XVI, cúbica, con remate abalaustrado y construida con sillares de granito irregulares, presentando los esquineros un mayor desarrollo.

Después de leer la inscripción, empecé a copiarla en mi cuaderno de viaje.

—David, no seas antiguo. Haz una fotografía con el móvil.

—Soy de la vieja escuela, pero tienes razón, haré una fotografía.

—Tu escuela es tan vieja como la torre del Homenaje.

Reímos.

Fotografié la torre del Homenaje y su inscripción, que dice:

*CONOCETE A TI MISMO. POR SEMEJANZA A DIOS PROCEDE COMO HECHVRA DE SV MANO. HVYE DEL VICIO. BVSCA LA VIRTVD. ABORRECE EL ODIO. AMA EL TRABAJO. NO SEAS SOBERBIO, ANTES HVMILDE. NO MIENTAS PORQVE ES LA MAYOR VILEZA DE LOS VILES. PROCVRA LOS AMIGOS MEJORES QVE TV, PVES CON ESTOY VERDAD, SECRETO Y LIMPIEZA DE ALMA, NOS SVCEDE BIEN TODO. DE LOS QVE PVDIERES BIEN DISTRIBVIDO.*

*NO OLVIDES LOS BENEFICIOS NI TE ACVERDES DE LAS INJVRIAS SI QVIERES APARECERTE A DIOS, Y ADVIERTE QVE EL OSAR MORIR DA LA VIDA POR-QVE LOS HONORES CON GRANDES PELIGROS Y TRABAJOS SE ADQVIEREN. AMA Y TEME A DIOS Y ATRIBVYELE LOS SVCESOS PORQVE NO HAY OTRA FORTVNA.*

—Es la declaración de principios de don Juan Sarmiento Valladares y de toda una época.

—Estoy de acuerdo con don Juan.

—Hemos de volver a la plaza de Fefiñanes para que veas la iglesia de San Benito.

—¡Volvamos!

Ana hizo un resumen de la historia y riqueza artística de la iglesia de San Benito mientras observábamos su fachada lateral.

—Fue templo románico, pero sus elementos más característicos son la bóveda estrellada del crucero, de estilo gótico, y las torres-campanario barrocas de la fachada principal, que luego veremos. También son destacables los sepulcros de don Gonzalo de Valladares Sarmiento, I vizconde de Fefiñanes, y su esposa María Ozores. Don Gonzalo reedificó la iglesia en el siglo XVII y la puso bajo la advocación de san Benito.

No pudimos ver el interior de la iglesia de San Benito, pero pasamos un buen rato ante el acceso principal.

Un nutrido grupo de personas arrojó puñados de arroz cuando vieron salir a los recién casados.

—¡Vivan los novios!

—¡Vivan los bóvidos!

Solté una risotada.

—¿Has oído?

—Sí, ha dicho «¡vivan los novios!».

—Has oído mal. Ha dicho «¡vivan los bóvidos!».

—Inventas.

—No invento.

—¡Vivan los bóvidos!

—¡Vivan los novios!

—¡Mueran los córvidos!

Reímos.

—¿Por qué querrá que mueran los córvidos?

—Son pájaros de mal agüero.

A los recién casados les cayeron más puñados de arroz.

—Nunca he entendido que en una situación como esta se utilice la expresión «¡vivan los novios!».

—¿Por qué?

—Porque ya no son novios, son cónyuges. ¡Vivan los cónyuges!

Hubo quien me miró.

—¡Cállate, por favor!

—¡Abelino! ¡Anselmo!

—¡Qué vergüenza!

—Es una boda. Hay que pasarlo bien.

A la lluvia de arroz le sucedió otra de garbanzos.

—Nunca he visto arrojar garbanzos a unos recién casados.

—Mientras no les tiren melones.

Reímos.

Un sacerdote salió del templo.

—¡Por favor, no arrojen más arroz!

Al párroco le cayó encima un puñado de garbanzos.

—¡Viva el cura!

—¡Por favor, desalojen el atrio! He de oficiar una misa de difunto. Espero la llegada del cortejo fúnebre.

Un coche funerario, seguido por una multitud, se detuvo delante de la iglesia.

—¡Viva el difunto!

—¡Arroz y garbanzos para el difunto!

No pude contener la carcajada.

—¡Por Dios, qué falta de respeto!

—¡Qué bien me lo estoy pasando!

—¡David, por favor!

—No me digas que no lo estás pasando bien.

Cuatro hombres portaban el féretro a hombros. Uno de ellos se desequilibró por culpa del arroz y los garbanzos y, al mirar hacia la novia, intentó mantenerse en pie, pero cayó al suelo. El ataúd también cayó al firme, produciendo un gran estrépito.

—¡Por Dios, el difunto!

—¡Por Dios, el vivo, que el difunto muerto está y de nada se ha enterado!

El novio se acercó al hombre caído para ayudarlo a ponerse de pie.

—¿Cómo se encuentra?

—Mejor que el difunto. ¿Y usted?

—¡Muy bien! ¿No ve que me he casado con una mujer fantástica?

—Que es fantástica lo podemos decir unos cuantos.

Reí a carcajadas.

—¿Cómo ha dicho?

—¡David, por favor, vámonos!

—¡Quiero ver cómo termina el espectáculo!

—¿Cómo esperas que termine? ¡Mal, muy mal!

Ana se alejó del escenario, y yo tras ella. Pude oír: «¡Sepárense! ¡Dejen de pelearse! ¡Por favor, que alguien llame a la Guardia Civil!».

Nos detuvimos ante una vinoteca.Vimos las botellas de vino que se exhibían en el escaparate.

—¿Qué te parece ese vino?

—Lo he probado, es excelente.

Pasamos a la vinoteca.

—¡Buenas tardes!

—¡Buenas tardes! ¿En qué les puedo ayudar?

—He visto en el escaparate una botella de vino albariño de Bodegas del Palacio de Fefiñanes.

—Me quedan las últimas botellas de ese vino.

—Quiero dos, una para mí y otra para regalar.

Los estuches de las botellas y las bolsas en las que las llevé presentaban un diseño sobrio y elegante.

—Hemos de pasar por casa para que tú dejes las botellas de albariño y yo coja el maletín fotográfico.

Mientras Ana preparaba su equipo fotográfico, me entretuve en comer las porciones de queso que habían sobrado del aperitivo.

—¡Te he pillado! Comes a escondidas como un niño pequeño.

Sonreí con la boca llena, mastiqué y tragué.

—Lo intenté, pero no me pude resistir.

—Me apuesto la cena a que lo intentaste con poco ahínco.

—Has ganado la apuesta. Pago la cena.

Reímos.

Me acomodé en el asiento del copiloto.

—Aún no me has dicho dónde vamos a pasar la noche ni qué vamos a hacer.

—Déjate llevar.

Llegamos a Pontevedra en cuarenta minutos. Ana dejó el coche en un aparcamiento cercano al centro de la ciudad.

Ayudé a Ana con el maletín fotográfico.

—Espero que te guste el sitio al que te voy a llevar, porque la cena la pagas tú.

—El que pierde, paga.

—Nos espera una cena deliciosa, albariño, dulces delicados, café suave y buena música.

—Un plan perfecto.

—¡Buenas noches!

—¡Buenas noches! ¡Qué sorpresa! Se despidió esta mañana hasta el próximo viaje a Pontevedra, ¡y ya está de vuelta!

—Mi viaje continuó en Cambados. Mi amiga, siempre acertada en sus decisiones, ha querido honrarme trayéndome a cenar hoy aquí.

—Es un placer atenderles. ¿A nombre de quién, o de quiénes, está hecha la reserva?

—De Ana y David.

—Veo que también tienen reserva para la velada musical.

—Sí, así es.

—Pasarán una noche inolvidable.

El metre nos acompañó hasta la mesa.

—Me disculpo. De haber sabido que conocías este sitio te habría llevado a otro.

—No tienes que disculparte. Este sitio me gusta. En mis viajes a Pontevedra, este hotel será la primera opción para alojarme.

Nos sirvieron el albariño.

—Brindemos por nosotros y por esta noche.

Brindamos, sonreímos y bebimos.

Dejé que Ana eligiese el menú —*filloas* gratinadas rellenas de marisco, rodaballo a la parrilla con salsa de puerros y helado de pistacho— y que llevase la iniciativa en la conversación.

—Espero haber acertado con los platos elegidos.

—Siempre aciertas.

Disfruté por igual de la cena que de la música interpretada por un cuarteto de cuerda.

—Ha terminado la parte placentera de la noche, ahora toca trabajar.

—¿Qué vas a fotografiar?

—Los puentes de Pontevedra sobre el río Lérez. Los fotografiaré desde el mismo sitio que hace una semana los fotografié de día.

—Y así habrás completado la serie *Puentes de Pontevedra*.

—Has acertado con el título.

—¿Te dará tiempo a hacer todas las fotografías?

—Tiene que darme.

El cometido de Ana lo hice mío en calidad de ayudante, aunque mi ayuda no fue más allá de cargar con el maletín fotográfico.

—A Pontevedra se la conoce como la Ciudad de los puentes y el de la Ría es el primero que voy a fotografiar. Es el puente de la AP-9. La elección de su emplazamiento motivó mucha polémica por el impacto que iba a causar en el entorno de la desembocadura del río Lérez. Este es el sitio desde el que tengo que hacer la fotografía.

Ana abrió el maletín fotográfico, se preparó, hizo la fotografía y guardó la cámara en el maletín.

—¡Qué rapidez!

—Lo que lleva más tiempo es elegir los emplazamientos, algo que esta noche me ahorraré.

—Porque ya los tienes elegidos.

—Así es. Nos va a llevar más tiempo ir de un puente a otro que hacer las fotografías.

Fuimos hasta el puente de la Barca a paso ligero.

—No veo la barca por ningún sitio.

Reímos.

—Este puente se construyó a finales del siglo XIX en el sitio por donde el río se cruzaba en barca.

—Muchos nombres tienen una explicación histórica.

Ana hizo la fotografía siguiendo el mismo ritual. Pasamos junto al puerto deportivo de Pontevedra.

—Este es el puente de las Corrientes.

—Tiene un diseño futurista.

El puente de las Corrientes presenta un arco atirantado con un solo vano, dos arcos metálicos, sujetos al tablero por cables, y dos tubos que conectan las orillas del río.

Observé a Ana mientras hacía su trabajo. Su semblante revelaba su capacidad para concentrarse en lo que tenía delante y fotografiarlo.

—Ana, no te muevas.

—¿Por qué?

—Me gusta verte trabajar.

Me situé a cierta distancia de Ana y la fotografié con el móvil.

En unos minutos llegamos al siguiente puente.

—Este es el puente del Burgo. Se construyó en el siglo XII en sustitución del viejo puente romano, el *pontem veteram*, origen de la palabra Pontevedra. Ha sido remodelado en varias ocasiones. Las vieiras que lo decoran y la iluminación azul nos dicen que forma parte del Camino Portugués a Santiago de Compostela.

—Espera un momento.

—¿Me vas a fotografiar otra vez?

—No.

—¿Entonces?

Recorrí el puente del Burgo, ida y vuelta.

—Ya puedo decir que he andado un trecho del Camino Portugués a Santiago de Compostela.

Reímos.

Ana apretó el paso.

—¡No camines tan deprisa, que me vas a reventar!

—¡No seas tan delicadito!

Resoplé.

Llegamos al puente de Santiago.

—Cuando se construyó fue conocido como el Tercer puente.

—¿Por qué?

—Fue el tercer puente que tuvo Pontevedra. Se construyó en los años ochenta del siglo XX.

El puente de los Tirantes presenta un diseño audaz, un único vano de 120 metros, lo que es posible gracias a los 17 pares de tirantes —los conté un par de veces para asegurarme— que sostienen el tablero a una torre de hormigón.

—El sonido musical que oyes lo provoca el viento al rozar los tirantes del puente.

—¡El puente de los Tirantes es un arpa!

Reímos.

—Tengo tanto sueño que ya solo digo estupideces.

—Tienes sueño porque el café descafeinado americano que tomaste en el hotel no te ha servido para activarte. El café solo que tomé me tiene a tope.

—¡Ya te veo, ya!

—¡Vamos, que nos quedan dos puentes! Aunque tengo una buena noticia para ti.

—¿Cuál?

—Iremos en coche.

—¡Bien!

Pronto llegamos a la pasarela que lleva a la isla de las Esculturas.

—Te animo a que visites la isla. Varios artistas han participado con sus obras en crear un entorno único.

—Ahora solo quiero visitar mi cama.

Reímos.

De nuevo en el coche. Ana me sacudió la pierna izquierda.

—¡No te duermas! Ya solo queda un puente por fotografiar.

—¿Cuál?

—El puente de la Palabra.

—Un nombre original.

—Un grupo de escolares le puso nombre al puente, que fue amadrinado por la escritora local Fina Casalderrey.

En mi cuaderno de viaje anoté los libros de Fina Casalderrey que Ana me recomendó leer: *O misterio dos fillos de Lúa*, en español *El misterio de los hijos de Lúa*, y *Repostería de Galicia*.

—Los leeré. Y prometo comer cada uno de los dulces citados en el último libro.

Reímos.

Ana hizo la última fotografía de la serie *Puentes de Pontevedra*.

# Ría de Arosa

Ana subió la persiana. La luz inundó la habitación.

—¡Levántate, dúchate y vístete!

—¿Tiene que ser ahora?

—Hay muchas cosas que hacer.

—¿Y no las podemos hacer más tarde?

—Esperamos visita.

—Yo no espero a nadie.

Llamaron a la puerta.

—Es Sabrina.

—Me rindo. Sois dos contra uno.

Reímos.

Me levanté, me duché y me vestí.

—¡Buenos días, Sabrina!

—Antes no me diste los buenos días.

—¡Buenos días, Ana!

—Te veo a medio gas.

—Estoy hecho unos zorros. Necesito antioxidantes.

Reímos.

—Necesitas un café de verdad, que te despeje y te active.

—Os invito a desayunar.

Ana eligió la cafetería, que también era pastelería, y Sabrina la mesa en la que nos sentamos. El camarero se acercó.

—¡Buenos días! ¿Qué desean tomar?

Ana fue la primera en pedir.

—Zumo de naranja, café solo y tarta de Santiago.

—Lo mismo que mi amiga.

—Lo mismo que ellas, pero mi café que sea…

—Si tomas tu café descafeinado americano de siempre seguirás igual de desmayado.

—Hoy pediré un café diferente.

—¡Sorpréndenos!

—Un carajillo, con doble de orujo, para compensar los efectos desestabilizadores de la cafeína.

Reímos.

—¿Qué efectos desestabilizadores?

Hice aspavientos.

—¿Qué intentas decir?

—Yo me entiendo.

Reímos.

Bebí el zumo de un trago. Me justifiqué ante Ana y Sabrina, que me miraron con expresión de asombro.

—¡Tenía sed, mucha sed!

—Así no se saborea la bebida.

—He sentido hidratarme.

—La próxima vez no te hidrates con tanta ansia, te puede sentar mal.

—La tarta de Santiago me la comeré despacio para saborear cada bocado.

Probé la primera porción de tarta. Hice gestos de satisfacción.

—¡Deliciosa, deliciosa!

Sabrina probó la tarta.

—Sí, está deliciosa.

Ana también probó la tarta.

—Está deliciosa porque es artesanal. Esta cafetería es pastelería y cuenta con obrador. Entre sus empleados hay maestros pasteleros.

—Esta va a ser nuestra cafetería en Cambados. David, ¿te ha comido la lengua el gato?

Tragué un bocado de tarta.

—No.

—Entonces, ¿por qué no participas en la conversación?

—Estoy concentrado en saborear la tarta. Si hablase no la saborearía como lo estoy haciendo. Además, para conversar hay que escuchar al interlocutor.

—Ahora entiendo: escuchar, hablar y comer es mucho para ti.

—En estos momentos, sí.

Reímos.

Acabé la tarta de Santiago.

—Si te has quedado con hambre pedimos otra ración de tarta.

—O una tarta entera.

—¿Me estáis llamando zampón?

—¡No! Las dos sabemos que comes como un pajarito.

Reímos.

Ahora voy a saborear el carajillo.

—Con doble de orujo.

—¿Para qué era el doble de orujo?

—Para compensar los efectos desestabilizadores de la cafeína.

Reímos.

—Di un trago al carajillo.

—¿Te gusta?

—Me gusta.

—¿Qué sientes?

—Sus primeros efectos.

—¿Cuáles son?

—El orujo me ha calentado la garganta y el estómago.

Di un segundo trago al carajillo.

—Otro efecto del carajillo: estás sonriendo.

—También sonrío sin tomar carajillos.

—La sonrisa de ahora es distinta.

—¿Cómo es?

—Más… No sé, distinta. La voy a llamar la «sonrisa carajillo».

Acabé el carajillo de un trago largo.

—¿Te quedas con ganas de otro carajillo?

—No estoy preparado para dos carajillos seguidos. Sería mucha cafeína.

—Y mucho orujo.

—Eso me importa menos.

Reímos.

—Te veo a un paso de cambiar el café descafeinado americano por el carajillo con doble de orujo.

—¡No! ¡Nunca! ¡Eso sería traicionar mis esencias!

—¿Qué esencias? El café descafeinado americano no tiene ninguna esencia.

Reímos.

Ana y Sabrina terminaron sus cafés.

—Hemos desayunado. Ya estamos preparados para ¿hacer qué?

—Para navegar por la ría de Arosa.

—Ana me ha conseguido una reunión informal con un empresario amigo suyo, que me hablará de sus negocios.

—Se llama Camilo. Nos espera en el puerto. Nos enseñará la ría de Arosa desde su barco.

Sonreí.

—¡Un crucero por la ría de Arosa!

—No te burles.

—No me burlo. Solo espero no marearme.

—¿Por qué te ibas a marear?

Hice aspavientos.

—¿Qué intentas decir?

—Entre el carajillo y el bamboleo del barco…

—El carajillo te ha gustado y te ha sentado bien, ¿o no?

—Creo que se me está subiendo a la cabeza. Puede ser peligroso.

—¿Por qué iba a serlo?

—No quiero arrojar el desayuno por la borda.

—¡David, por favor!

Reí.

—Intentaré que no pase nada.

—¡Pórtate bien, te lo pido por favor!

—Siempre me he portado bien.

—No siempre. Ayer en la boda, funeral o lo que fuese ese espectáculo, te hiciste notar. Hubo personas que nos miraron.

—Nos quedamos sin saber cómo terminó todo.

—Mi periódico ha dado noticia del suceso. Los recién casados, sus familiares y los familiares del difunto terminaron prestando declaración ante la Guardia Civil y a disposición judicial. Los recién casados han decidido divorciarse.

—Matrimonio fugaz. ¿Y qué fue del muerto, lo enterraron o lo dejaron por ahí?

—Lo enterró la Guardia Civil.

Reí a carcajadas.

Llegamos al puerto a la hora convenida.

—Ese es el barco de Camilo.

Vimos a Camilo en la cubierta.

—¡Buenos días, Camilo!

—¡Buenos días, Ana y acompañantes! ¡Subid!

Ana nos presentó a Camilo.

—Esta es Sabrina, mi amiga periodista.

—Gracias por concederme la posibilidad de escribir un artículo sobre sus actividades empresariales.

—Vamos a tratarnos de tú. Y gracias por el artículo.

—Este es David, un amigo que está pasando unos días de descanso.

—Estoy pasando unos días de vacaciones, que no de descanso, porque no me dejan descansar.

Reímos.

—Pero lo estoy pasando muy bien. ¡Y gracias por recibirme en su barco!

—Te digo lo mismo que a Sabrina, vamos a tratarnos de tú.

Nos hicimos a la mar.

—La ría de Arosa da sentido a mi vida.

—¿Desde cuándo?

—Desde niño.

—¿Desde niño?

—Acompañaba a mi madre en su trabajo de mariscadora y mi padre me enseñó a pescar en estas aguas.

—¿Cuál es tu relación con la ría de Arosa en estos momentos?

—Mis negocios son posibles gracias a la ría de Arosa. En mis bateas cultivo mejillones, otros moluscos bivalvos y algas y envejecen botellas de albariño. Son productos que vendo en la lonja de Cambados y que sirvo en el restaurante de mi esposa.

—¿La ría de Arosa es solo trabajo?

—También es entretenimiento y reflexión. Salir en barco con la familia o con mis amigos es mi diversión favorita. Y si quiero pensar salgo solo en mi barca.

La brisa era suave.

—La costa se ve distinta desde el mar.

Camilo acercó el barco hasta el islote La Figueira.

—La torre de San Sadurniño se levantó entre los siglos VIII y IX para proteger la costa de las invasiones de vikingos y normandos. Los avisos de los vigías llegaban a Santiago de Compostela. La torre fue reconstruida en varias ocasiones. Su estado ruinoso se debe a su abandono después del terremoto de 1755.

—Hay ruinas que hay que conservar, pero no reconstruir.

Desde tierra firme se llega al islote La Figueira por un puente.

—¿Cómo te iniciaste en los negocios?

—Primero fueron las bateas; después, el restaurante.

—¿Qué conocimientos previos tenías del negocio de la restauración?

—Ninguno.

—¿Te iniciaste en la restauración por intuición?

—Mi esposa desarrolló la vocación de cocinar desde muy temprano. Aprendió de su madre a preparar unos guisos caseros extraordinarios. Había adquirido experiencia en diversos restaurantes. Me decía que se sentía poco valorada y limitada en el desempeño profesional. Abrí el restaurante para que pudiese desarrollar todas sus capacidades.

—¿Con qué recursos económicos abriste el restaurante?

—Invertí parte de los beneficios que me proporcionaba el marisco y pedí un crédito.

—Se necesita algo más que una buena cocinera para que un restaurante sea exitoso.

—Mi hija mayor es una buena gestora. Ella y mi esposa conocían a buenos profesionales que aspiraban a más. Los contraté, pagándoles sueldos más elevados que los que venían cobrando y dándoles libertad para hacer lo más conveniente. Solo les pedí que hiciesen de mi restaurante el mejor de Cambados. Lo consiguieron en unos meses.

—Lo dices como si hubiese sido fácil.

—Para que un negocio funcione, has de contar con los mejores, valorarlos y hacerlos partícipes del éxito.

Nos acercamos a un conjunto de islas.

—Esa es la isla La Toja Pequeña, ese el islote Ortigueira y esa la isla de La Toja.

—De la isla de La Toja me gustó la ermita de San Sebastián, forrada de conchas de vieiras.

—Apuesto que te habría gustado haber comido todas esas vieiras.

—Y unas pocas más.

Reímos.

—La isla de La Toja fue utilizada hasta el siglo XIX como isla de pastoreo. Los vecinos de El Grove transportaban sus ganados en barca para que pastasen en la isla.

—¿Qué sucedió para que la isla de La Toja se convirtiese en destino turístico?

—En el siglo XIX se redescubrieron las aguas y fangos medicinales. Se abrieron establecimientos turísticos, desde balnearios a hoteles.

—También se abrió el Casino La Toja, que presume de ser el primer casino de España.

—Se abrió en 1978. ¿Lo conoces?

—Me prometí conocerlo hace años, pero siempre surgía algún imprevisto que me impedía visitarlo. Os invito esta noche a cenar en el Casino La Toja. Luego, el que no quiera jugar que no juegue, pero yo jugaré.

—Esta noche estáis invitados a cenar en mi restaurante. Celebramos el décimo aniversario de su apertura.

—Hoy tampoco conoceré el Casino La Toja. Pero muchas gracias por la invitación. La acepto feliz.

—Si no lo conoces hoy, lo conocerás mañana, o más adelante, en otro viaje.

—Mejor mañana.

Reímos.

Dejamos atrás la isla de La Toja.

—La localidad que veis es El Grove. Mi hija tiene casi todo listo para abrir su restaurante en próximas fechas.

—¡Enhorabuena!

—Ha estudiado mucho y trabajado duro para saber todo lo que sabe del negocio de la restauración. Ha de seguir creciendo; para ello, tenía que dejar de trabajar en el restaurante de mi esposa y abrir el suyo.

—¿El restaurante de tu hija se inspira en el de su madre?

—Mi hija tiene una personalidad muy acusada. La materia prima será la misma, pero el producto final será distinto. Lleva meses elaborando nuevos platos y presentaciones.

—Me gustaría conocer a tu hija, escribir un artículo sobre ella, dar a conocer su filosofía del negocio de la restauración y su manera de trabajar, y dar noticia de la apertura de su restaurante.

—Te conseguiré una reunión con mi hija.

—Muchas gracias.

—Gracias a ti. Tu artículo le servirá para promocionar su negocio.

Navegamos siguiendo la línea de costa de la península de El Grove. A un lado, bateas, y al otro, playas bajas y estrechas, pobladas de turistas.

—Nos alejaremos de tierra firme.

—No nos alejemos mucho.

—Tendremos a la vista islas y tierra firme.

Pasamos cerca de la isla Pombeiro.

Extendí y alcé los brazos.

—¡La mar se abre ante nosotros!

Mis compañeros de singladura me miraron.

—No te emociones más de la cuenta y procura no marearte.

—¡Vivamos la aventura!

Reímos.

Camilo navegaba como lo hace un gran almirante.

—La navegación ha de ser prudente en estas aguas.

—¿Qué peligros se nos presentan?

—No lejos de aquí, en la madrugada del 2 de enero de 1921, se hundió el vapor-correo Santa Isabel. Los muertos fueron más de doscientos.

—¿Cuál fue la causa del hundimiento?

—El barco chocó contra el roquedo submarino.

—¡La Virgen del Carmen nos protege y tú pilotas el barco! ¡Estamos a salvo!

—Gracias por confiar en mí. Prometo llevaros a puerto sanos y salvos.

—¡A toda máquina!

—¡No tengas prisa, grumete!

Reímos.

El barco no ganó ni medio nudo de velocidad.

—¡Tierra a la vista!

Otra vez me miraron mis compañeros de viaje.

—¡Deja de hacer el tonto!

Reímos.

—¡Es mi primer viaje en barco! ¡Quiero disfrutarlo!

—Es la isla de Sálvora. Lleva a la vista varios miles de años.

—¿Está habitada?

—Solo por el farero.

—Es de fácil conquista. Busca una playa franca para desembarcar.

—La infantería de marina te necesita.

Reímos.

Camilo orientó el barco hacia la playa del Almacén.

—Esa escultura es *La sirena de Sálvora*, ser mítico del que se cuenta una leyenda.

—¿Qué dice la leyenda?

—La leyenda dice que Roldán no murió en Roncesvalles, vino a Sálvora a curar sus heridas. Aquí se enamoró de una sirena, a la que preguntó su nombre. La sirena no le pudo contestar porque era muda. Roldán le puso por nombre Marina, se enamoraron y tuvieron un hijo de ojos azules al que llamaron Marino.

—Una leyenda muy bonita.

—Te he contado la primera parte de la leyenda.

—¿Cómo continúa la leyenda?

—Roldán tomó a su hijo para saltar una hoguera en la Noche de San Juan. La sirena creyó que Roldán iba a arrojarlo al fuego y gritó: «¡Hijo!». Desde ese momento, la sirena pudo hablar.

—Un final bonito.

—No es el final.

—¿Cuál es el final de la leyenda?

—Se sucedieron las generaciones del linaje de los Marino. Un hijo de ojos azules de cada generación ha sido arrojado al mar para que acompañase a la sirena. Las gaviotas de ojos azules son reencarnaciones de esos niños.

Camilo estableció rumbo norte.

—Apetece descansar en una de esas playas, tomar el sol, bañarse.

Las playas de la isla de Sálvora son estrechas y de arena blanca.

Navegamos por el paso interior de Sálvora, entre islotes e islas, la más importante la de Vionta, que llamó nuestra atención por sus playas y dunas.

Camilo puso rumbo hacia el interior de la ría de Arosa.

—¡Barco a estribor! ¡Al abordaje!

—Me has asustado.

Reí.

—Ana, te asustas por nada.

—¡Grumete, estás mirando a babor!

Reímos.

—¡Babor, estribor, qué más da! ¡Tengo ganas de abordar un barco! ¿Qué tesoros llevará?

—¿Acaso tienes vocación de pirata?

—¡La tengo de aventurero!

Reímos.

—Os quiero enseñar mis bateas.

Pasamos entre las islas de La Rúa y Guidoiro Pedregoso; la primera se reconoce por sus grandes bolos de granito y el faro que la corona; la segunda es peñascosa y arenosa.

Camilo detuvo el barco al norte de la isla Guidoiro Arenoso, mitad granítica, mitad arenosa, rodeada de aguas turquesa.

—¡Estas son mis bateas! He hecho una selección de algunos de los productos que cultivo en ellas. Os prepararé un arroz de mejillones y vieiras, y beberemos albariño madurado bajo el agua.

—Ese albariño debe ser muy exclusivo.

—Lo es por ser muy escaso y de calidad excepcional.

—¿Fue tuya la idea de madurar vino sumergiéndolo en la ría de Arosa?

—La idea fue de mi hijo. Es enólogo. Hace unos años compró unos viñedos. Desde la primera cosecha, reserva un número reducido de botellas para su maduración en el mar. Ese vino lo vendemos a clientes exclusivos.

—Nos sentiremos honrados por beber una botella de ese albariño.

—Me gustaría conocer a tu hijo y que me hablase de sus negocios.

—Te conseguiré una entrevista con él.

—Gracias.

Camilo detuvo el barco entre las islas Guidoiro Arenoso y Arosa. Mientras preparaba la comida, nosotros observamos el paisaje, sentimos la brisa marina y conversamos.

—¡Qué bien me lo estoy pasando!

—Haciendo el tonto.

Reí.

—Échale la culpa al carajillo con doble de orujo.

—Pediste el doble de orujo para neutralizar los efectos desestabilizadores de la cafeína.

—Tenía que haber pedido el carajillo con el doble de cafeína para neutralizar los efectos desestabilizadores del alcohol.

Reímos.

Camilo llegó hasta nosotros.

—Me gustan las personas que ríen.

—Estaba reprendiendo a David. No quiero que en tu barco haga más tonterías.

—Son tonterías sin malicia.

—No te disculpes. No han sido tonterías, ha sido buen humor y alegría.

Vimos pasar un grupo de piragüistas.

—Quedan unos pocos minutos para que el arroz esté en su punto. Voy a abrir la botella de albariño.

Camilo sirvió el vino, alzamos las copas y brindamos.

—¡Por nosotros!

Bebimos.

—¡Un vino estupendo!

—Vino de dioses.

—Me alegra que os guste.

—¿Cómo se consigue un vino tan delicioso?

—Mi hijo es quien mejor puede dar respuesta a esa pregunta. Pero, hasta donde sé, te puedo decir que cuida el viñedo con esmero, recoge la uva en el momento más conveniente y el vino madura seis meses en tierra y otros tantos en el mar.

—¿Qué ventaja ofrece la maduración en batea?

—El vino madura antes.

—¿A qué se debe?

—La presión es constante, igual que la temperatura, unos 14 °C, el movimiento del mar es suave y la ausencia de luz y ruido es completa.

Camilo sirvió el arroz con mejillones y vieiras.

—Espero que os guste.

—Nos gustará.

—A mí ya me está gustando.

—Aún no lo has probado.

—Lo he probado con la vista.

Reímos.

Fui el primero en probar el arroz. Hice aspavientos con la boca llena.

—¿Qué intentas decir?

Mastiqué y tragué.

—¡Fantástico! ¡El mejor arroz que he probado!

—Podrás repetir.

—¡Repetiré, repetiré!

Reímos.

—David solo piensa en comer.

—Pienso en más cosas, pero disfruto comiendo.

—Lo demuestras con cada bocado.

—Disfrutar comiendo y repetir es una manera de mostrar agradecimiento al anfitrión.

Camilo vació la botella de albariño en nuestras copas.

—¡Brindemos por Camilo, su arroz con mejillones y vieiras y su albariño!

—El albariño es de mi hijo.

—¡Brindemos por Camilo y su hijo! ¿Cómo se llama tu hijo?

—Camilo.

—¡Brindemos por los dos Camilos!

Brindamos, bebimos y seguimos comiendo.

—No puede sobrar arroz.

—Échaselo a David.

—¿Me estás llamando comilón?

—Solo zampón.

Reímos.

—Hay para todos.

—Una buena comida lo es si se remata con un buen postre y un licor.

Camilo partió la *larpeira* en cuatro raciones. Nos servimos. Todos la probaron menos yo.

—Muy jugosa.

—La ha hecho mi esposa.

—¿Por qué te quedas mirando la *larpeira*?

—¡Cuánto voy a disfrutar comiéndola!

Di el primer bocado.

—¡Otra vez haciendo aspavientos! ¿Qué quieres decir?

—¡Traga y habla!

Tragué y hablé.

—Mi enhorabuena a tu esposa. Comer esta *larpeira* me aporta felicidad.

Reímos.

Callé y saboreé cada bocado. Camilo sirvió cuatro chupitos de licor de hierbas.

—¡Por nosotros!

—¡Por la esposa de Camilo y su *larpeira*!

Brindamos y bebimos de un trago.

Regresamos al puerto de Cambados.

—Muchas gracias por todo. Ha sido un placer.

—El placer ha sido mío. Y recordad: la cena en el restaurante es a las nueve de la noche. Estáis invitados.

—Muchas gracias. Allí estaremos.

Bajamos del barco.

—¿Qué podemos hacer hasta la hora de cenar?

—Descansar.

—¡David, tienes muy poco aguante!

—Necesito descansar, echarme un rato en cama, hacer la digestión…

—¿Y qué más?

—Que los dedos de los pies se aireen.

Reímos.

—A la cena tengo que llegar en perfecto estado, para comer, beber y reír.

—Creo que tienes razón. Descansar nos vendrá bien a todos.

Regresamos a casa.

—Me echo un rato. Necesito dormir. Me despertáis cuando tengamos que salir hacia el restaurante.

—O te dejamos dormir y te pierdes la cena.

—Pondré la alarma del móvil.

—No te quieres perder la cena.

—¡No, no me la quiero perder! ¡No me lo perdonaría!

Reímos.

—¡Descansa!

—¡Feliz siesta tardía!

—¡Feliz… feliz lo que sea que vayáis a hacer!

Me desperté después de que un sueño agradable llegase a su fin. Me iba a quedar en cama hasta que sonase la alarma del móvil, pero cambié de opinión, desactivé la alarma, me levanté y vestí.

Ana y Sabrina estaban en el comedor tomando una infusión.

—¡Estoy preparado!

Ana y Sabrina se sobresaltaron.

—Disculpad. No quería asustaros. ¿Qué tomáis?

—Té con hielo. Te vendría bien tomarlo.

—No quiero sentir los efectos desestabilizadores de la teína.

—A ti te desestabiliza cualquier cosa.

Reímos.

—Terminamos la infusión, nos cambiamos de ropa y salimos.

Esperé sentado en una silla, jugando una partida de ajedrez en el móvil. Después, fuimos a pie hasta el restaurante.

—¡Buenas noches, Camilo!

—¡Buenas noches a los tres!

Camilo nos acompañó hasta la mesa, que íbamos a compartir con otro comensal.

—¿Qué hicisteis mientras dormía?

—Descansé.

—Escribí un artículo para el periódico.

Observé a mi alrededor.

—Me gusta la decoración.

Las paredes del restaurante estaban decoradas con motivos marinos: anclas, arpones, redes de pescar, ruedas de timón y fotografías de barcos, mariscadoras, pescadores, de la lonja y del puerto de Cambados.

—¿Quién se sentará a nuestra mesa? ¡Lo sabremos en unos instantes!

Reímos.

—Que sea maduro y atractivo.

—Yo soy maduro y atractivo.

—Lo prefiero guapo y simpático.

—Yo soy guapo y simpático.

—¡Y no tienes abuela!

Reímos.

Vimos a Camilo que venía hacia nuestra mesa.

—¡Toma! ¡Joven, guapa y atractiva! ¡Y seguro que simpática! ¡Rabiad!

Sabrina me pellizcó en la muñeca.

—¡Ay!

Ana me dio una patada por debajo de la mesa.

—¡Ay! ¡Vale, vale, lo he entendido!

Nos levantamos.

—Os presento a Olalla. Ellas son Ana y Sabrina, y él es David.

—Un placer.

—El placer es nuestro.

Nos sentamos.

—El camarero sirvió albariño en nuestras copas y dejó la botella sobre la mesa.

—¡Por nosotros!

—¡Y por esta noche!

Brindamos y bebimos. Nos sirvieron a cada uno una tabla de quesos gallegos. Probé una porción.

—¡Un queso excelente!

—¿Los tres sois amigos?

—Nosotras lo éramos antes de que conociésemos a David.

—¿Cuáles son vuestras profesiones?

—Periodista.

—Fotógrafa.

—Profesor.

—¿Cuál es tu profesión?

—Diseñadora de ropa.

—¿Para qué empresa trabajas?

—Diseño ropa para clientes particulares, desde vestidos de novia a ropa de calle, que luego confecciona un sastre amigo. Mi intención es hacer una marca propia y abrir una tienda a finales de año.

—A las dos nos gusta comprar ropa. Nos tienes que enseñar tus diseños.

Se intercambiaron los números de teléfono.

—¿Te gusta el ajedrez?

—No juego al ajedrez desde niña, pero he utilizado las fichas del ajedrez para realizar estampados en una colección de camisetas de verano.

Después de terminar los quesos, apuramos las copas; las rellené de nuevo, vaciando la botella de albariño.

Un camarero retiró el servicio, nos trajo otra botella de albariño y una parrillada de marisco a cada uno.

—¡No desorbites los ojos, que se te van a caer en el plato!

—Esta noche daré positivo en ácido úrico, pero ¡¿qué importa?! ¡Ya lo bajaré mañana!

Reímos.

—¿Dónde vas a abrir la tienda de ropa?

—En Santiago de Compostela.

—Iremos a tu tienda. Te encargaremos ropa personalizada.

—¿Por qué os ha invitado Camilo?

—Publicaré en mi periódico artículos sobre él, su familia y los negocios de todos ellos. Nos ha querido agradecer la promoción que les haré. Y a ti, ¿por qué te ha invitado?

—He diseñado el uniforme de los camareros, el luminoso del restaurante, las botellas del vino que estamos bebiendo, sus etiquetas y… más cosas.

—Eres la diseñadora de la familia.

Apuré la segunda copa de vino.

—¿Qué género literario te gusta?

—David, tus preguntas rompen la conversación.

—No sé cuál me gusta más. Pero me has dado una idea, usaré motivos literarios para estampar mi próxima colección de camisetas.

—Cuando abras la tienda puedo escribir un artículo sobre tu carrera profesional.

Terminé la parrillada de marisco y bebí media copa de albariño. Ana, Olalla y Sabrina siguieron hablando. No me veía capaz de intervenir en la conversación.

—David, ¿qué te pasa? No hablas ni para molestar.

—Siento los efectos sedantes del albariño.

Reímos.

# La Fiesta del Albariño de Cambados y una noche de suerte

Desperté. La vivienda estaba en silencio. Ducharme me tonificó, pero me sentía incapaz de encajar las exigencias de un nuevo día. Pensé: «¡Tengo que comer!»

Fui a la cocina. Me senté en una silla frente al frutero y la cafetera. Pensé: «Primero, la fruta; lo último, el café. ¿Y entre la una y el otro?, ¿pan tostado o sin tostar?, ¿con mantequilla y mermelada, o con mantequilla y miel? Dos rebanadas de pan, sin tostar, con mantequilla, una con mermelada y otra con miel. ¡Hay que desayunar bien!»

—¿Qué haces?

Ana había entrado en la cocina sin hacer ruido.

—Iba a desayunar.

—Espera a que nos duchemos y nos vistamos.

—Daos prisa. Me suenan las tripas del hambre que tengo.

Reímos.

Ana bebió un vaso de agua y abandonó la cocina.

Esperé asomado a la ventana.

—¡Buenos días, David!

—¡Buenos días, Sabrina!

—¿Qué ves desde la ventana?

—Personas yendo y viniendo.

—A algún sitio irán, de algún sitio vendrán.

—Primero se va; luego, se viene.

—Los días son de ida y vuelta.

—Son pendulares.

—Y esta conversación absurda.

—Como un enchufe sin clavija.

—Como un aro cuadrado.

Reímos.

—¿De qué os reís?

—De una conversación sin sentido.

Los tres nos sentamos a la mesa.

—El desayuno no se hace solo. Tenemos que hacerlo nosotros.

—Yo lo preparo.

—Yo recogeré la mesa.

—¿Y yo qué hago?

—¡Lo mismo que nosotros: comértelo!

Reímos.

—Ana sirvió el desayuno.

—¿Qué vamos a hacer hoy?

—Tengo que cubrir la Fiesta del Albariño de Cambados y escribir un artículo sobre el evento.

—Antes haremos turismo local.

—¿Y después?

—Descansar.

—¿Y después de descansar?

—Es nuestra última noche. Va a ser algo memorable.

—¿Qué has pensado?

—Os invitaré a cenar y a algo más.

—¿Dónde?

—¡Lo pasaremos bien! ¡Y no puedo decir más!

Terminamos de desayunar.

—Mételo todo en el lavavajillas.

Obedecí a Ana.

—¡Listos para disfrutar del día!

Salimos a la calle.

—¡Me gusta ir a los sitios a pie!

—Iremos en coche.

—¡Me gusta ir a los sitios en coche!

Reímos.

—¿Tan lejos está el sitio al que vamos?

—Se puede ir andando, pero hoy debemos ganar tiempo en los desplazamientos.

Sabrina ocupó el asiento del copiloto; me senté detrás de ella. Ana se incorporó a la circulación.

—Hay que entrar en la rotonda para cambiar el sentido de la marcha.

—¡No me gustan las rotondas!

—Sirven para ordenar el tráfico.

—Pocos conductores saben circular dentro de una rotonda.

—¡Yo sí sé circular dentro de una rotonda!

—¡Demuéstralo!

—¡Te lo demostraré!

Reímos.

Ana entró en la rotonda.

—Me sitúo en el carril interior e ignoro las salidas que no me interesan.

Un conductor se incorporó a la rotonda.

—Ese tipejo te va a obligar a dar otra vuelta a la rotonda.

—¿Por qué lo dices?

—He visto que tiene cara de merluzo.

Reímos.

El conductor circuló en paralelo a nosotros, impidiendo a Ana cambiar de carril y salir de la rotonda.

—¡Segunda vuelta a la rotonda!

—¿Te hace gracia?

—A medias. Por cierto, ¿dónde se encuentra el centro penitenciario de Pontevedra?

—¿Por qué lo preguntas?

—Por iniciar una conversación caótica. ¡Ten cuidado con los ciclistas!

—¡Los veo!

Los ciclistas impidieron a Ana salir de la rotonda.

—¡Tercera vuelta a la rotonda!

No pude contener la carcajada.

—El vídeo se va a hacer viral en las redes sociales.

—¿Qué vídeo?

—Seguro que hay alguien que nos está grabando.

—Me preguntaste por la cárcel de Pontevedra, ¿verdad? Te voy a llevar allí para que te encierren.

Reí.

—No te enfades. Las cosas hay que tomarlas con buen humor.

Ana salió de la rotonda.

—¡Mi enhorabuena! ¡Lo has conseguido!

—¡David, no pinches más, que la vas a enfadar!

—¡Me callo, me callo!

Ana se detuvo ante un paso de cebra; después, en un semáforo.

—Te has quedado más callado que un muerto.

—¡Dije que me iba a callar y me he callado!

Reímos.

Ana estacionó el coche.

—Subiremos al monte de la Pastora.

Ascendimos por una escalera entre árboles hasta llegar a un parque infantil. Continuamos hasta la capilla Virgen de la Pastora.

—Juan Fariña patrocinó su construcción en el siglo XVI, dedicándola al Buen Pastor y a la Virgen de las Nieves. En el siglo XVIII se la rebautizó Virgen de la Pastora.

La fábrica de la capilla es robusta. Para su construcción se utilizaron bloques de granito irregulares, por lo general de gran tamaño. Presenta una sola nave con ábside y cuenta con un atrio porticado y una pequeña espadaña campanario coronada por una cruz.

—El 5 de agosto se celebra la fiesta de San Justo y San Pastor. Las imágenes de los santos son llevadas en procesión hasta la capilla; portan un racimo de uvas con el fin de que la vendimia sea abundante.

—Una vez más el albariño está presente.

—El albariño es la sangre de Cambados.

Sabrina fotografió la fachada de la capilla.

—Otra fiesta importante es la romería de la Virgen de la Pastora, que se celebra el último domingo de agosto.

—¡Alegría, alegría! ¡Viva la Virgen de la Pastora!

Nos dirigimos al Mirador de la Pastora.

—Es un sitio sobre el cual abundan las leyendas.

—Nos las contarás.

—Os contaré alguna cuando estemos en la cima.

Ascendimos al Mirador de la Pastora, coronado por una cruz.

—Una leyenda dice que hay una galería que comunica el Mirador de la Pastora con la isla de La Toja.

—¡Busquemos esa galería!

Reímos.

—La leyenda concluye que la galería se inundó y la boca de entrada quedó cegada por la vegetación.

—¡Lástima! ¡Nos quedamos sin vivir una aventura!

Reímos.

El Mirador de la Pastora está rodeado por árboles.

—Otra leyenda asegura que, en este lugar, el demonio tentó a Cristo diciéndole: «Todo el mundo te daré menos Fefiñanes, Cambados y Santo Tomé».

—¡Maldito demonio! Quería que Cristo se condenase y quedarse con lo mejor.

Contemplamos las vistas sobre Cambados, sus viñedos y la ría de Arosa.

—El paisaje es de gran belleza.

—Cambados no existiría sin los viñedos y sin la ría de Arosa.

Abandonamos el monte de la Pastora para visitar las cercanas ruinas de la iglesia de Santa Marina de Dozo y su cementerio.

—El escritor Álvaro Cunqueiro dijo de este cementerio que es «el más melancólico del mundo». La esposa e hijo del dramaturgo Ramón María del Valle-Inclán están aquí enterrados.

El cementerio presenta una alta densidad de sepulturas.

—¡Aquí no cabe un muerto más!

Reímos.

—No está bien reír en un cementerio.

—Tú también te has reído.

—Sí, pero reconozco que ha sido una falta de respeto.

—Si de los difuntos solo quedan los huesos, porque sus almas están en el cielo, o en el infierno, ¡¿quién sabe?!, y no hay familiares rezándoles, ni otros visitantes, no hemos podido ofender a nadie.

—¡A los restos de los muertos se les debe un respeto!

—Me disculpo ante los huesos y ante ti. Pero solo a medias porque sigo sin entender…

—¡David, por Dios!

—¡Me callo, me callo!

Accedimos a las ruinas de la iglesia de Santa Marina de Dozo.

—Don Lope Sánchez Ulloa mandó construir esta iglesia en el siglo XV sobre una capilla románica. Su hija María la amplió a finales de aquel siglo.

La iglesia de Santa Marina de Dozo es de una sola nave dividida en cinco tramos por cuatro arcos de medio punto rebajados. Al ábside se accede bajo un arco apuntado. Cuenta con capillas laterales, sacristía y torre con escalera de caracol.

—La iglesia se encontraba en mal estado a inicios del siglo XIX. Se abandonó en 1839, se destechó en 1841 y en 1845 el retablo fue trasladado a la iglesia parroquial de San Francisco. Desde entonces, el interior de la iglesia se destinó a recibir sepulturas. Se celebra una misa al año por el Día de Difuntos.

—También se podía celebrar una boda al año por la Noche de San Juan.

—¿Una boda entre sepulturas?

—Sería gótico y tétrico. Tendría su público.

Dimos unos pasos.

—¿De qué te ríes ahora?

—De la idea que he tenido.

—¿Cuál?

—Se podría celebrar una misa nupcial-funeraria. Los novios se casarían y al muerto se le enterraría. Mejor si cabe, se podía unir en matrimonio a un par de difuntos y luego enterrarlos. Seguro que no se divorciarían y seguro que les harían descuento.

Reímos.

—¡Otra vez me has hecho reír en un cementerio!

—¡Y no has hecho daño a nadie!

—¡Disfrutemos del arte!

Nos detuvimos a observar las bolas que decoran los arcos y las esculturas *Cristo y los doce apóstoles*, *El Juicio Final* y *La pereza*. Las pinturas murales de la capilla mayor apenas se distinguen por el mal estado de conservación en el que se encuentran.

Sabrina fotografió las ruinas de Santa Marina de Dozo.

—He acabado. Nos podemos ir cuando queráis.

—Llegaremos a tiempo.

—Siempre que no nos quedemos atrapados en una rotonda.

Reímos.

Atravesamos el cementerio.

—¡Descansad y esperadme muchos años!

—¿A quién se lo dices?

—A los muertos.

Reímos.

—¡David, no te burles de los muertos!

—Lo he dicho desde el respeto. Además, te has reído tanto como yo.

—Pero me he reído desde el respeto.

Reímos.

Subimos al coche.

—Lo pasaremos bien en la Fiesta del Albariño.

—En la Fiesta del Albariño lo pasaremos bien.

—La circulación es tranquila a esta hora de la mañana.

—A esta hora de la mañana la circulación es tranquila.

—Habremos llegado en unos minutos.

—En unos minutos habremos llegado.

—¿Estás tonto?

Reí a carcajadas.

—¡Estás tonto!

—¿Cuánto queda para la rotonda?

—¡Eres peor que un niño pequeño!

—¡Me callo, me callo!

—¡Me callo, me callo, pero no te callas! ¡En la Fiesta del Albariño pórtate bien!

—¡Me portaré bien!

—¿Me lo prometes?

—¡Te lo prometo!

—Parecéis niños pequeños.

Ana tuvo que maniobrar con cuidado para estacionar el coche.

—Yo no habría sido capaz de aparcar en este sitio.

Descendimos del coche.

—¡Vamos a darnos prisa!

Me costó seguir el paso de Ana y Sabrina. El ambiente festivo llenaba Cambados; personas yendo y viniendo, otras comiendo y bebiendo, también hablando y riendo.

—Todas estas personas pasándolo bien y yo perdiendo el resuello.

—Nosotros lo pasaremos igual de bien.

El gentío iba siendo más numeroso.

—¡Hemos llegado!

Respiré hondo.

—¿Qué vamos a ver?

—Los actos más importantes de la Fiesta del Albariño.

—¿Qué tengo que saber de la Fiesta del Albariño?

—Se celebró por primera vez en 1953. Bernardino Quintanilla retó a su amigo Ernesto Zárate para demostrarle que su albariño era de mejor calidad. Se organizó un concurso, que ganó José Rodiño.

—¡Vaya, ni Quintanilla ni Zárate!

—Zárate ganó varios años, mientras que Quintanilla quedó segundo.

—Lanza el reto y pierde, mala suerte.

—Quintanilla quedó segundo, pero Cambados le debe su fiesta más popular.

—¡Viva Bernardino Quintanilla!

Hubo quien se nos quedó mirado.

—Me disculpo.

—La Fiesta del Albariño de Cambados fue declarada Fiesta de Interés Turístico Internacional en 2018.

—¡Viva la Fiesta del Albariño!

Nos volvieron a mirar.

—Me prometiste que te ibas a portar bien.

—¡Estamos de fiesta!

Seguimos el desfile de las cofradías y del Capítulo Serenísimo del Albariño desde el ayuntamiento hasta la plaza de Fefiñanes.

—El Capítulo Serenísimo del Albariño lo integran el Gran Maestre, el Canciller, el Copero Mayor y no sé cuántas damas y caballeros. Uno de sus miembros da el pregón de la Fiesta del Albariño. La institución «tiene el deber de proteger y promover el albariño y su cultura». También falla el premio al mejor albariño del año.

—El Capítulo Serenísimo del Albariño debe ser la institución civil más influyente de Cambados.

—Es muy probable que lo sea.

La estampa más simpática del desfile la ofrecieron los más pequeños.

—Me gusta ver desfilar a los niños, vestidos de galleguiños, intentando tocar los instrumentos musicales.

—Hay que enseñarles desde pequeños a querer la Fiesta del Albariño.

—De mayores, unos serán cofrades y otros caballeros y damas del Capítulo Serenísimo del Albariño.

—Así se consigue que la Fiesta del Albariño pase de generación en generación conservando su carácter genuino.

También llamó mi atención los gaiteros y tamborileros, que interpretaban música tradicional gallega, los cofrades y los estandartes que portaban, los miembros del Capítulo Serenísimo del Albariño y los bueyes que tiraban de carros cargados con toneles de madera.

Sabrina hizo una fotografía del desfile.

—¡Vamos! Quiero estar en la plaza de Fefiñanes cuando llegue el desfile.

Ana eligió el sitio donde situarnos para ver los actos.

—El Gran Maestre del Capítulo Serenísimo del Albariño nombra a las Damas y Caballeros de Honor de Capítulo tocándoles con hojas de vid, dándoles de beber una copa de vino, entregándoles una medalla y vistiéndoles con la capa del Capítulo.

—Un acto que nunca olvidarán.

—También se nombra a los Jóvenes Albariñenses, Albariñenses de Honor y Hojas de Plata.

Sabrina fotografió estos actos, que se celebraron con la solemnidad requerida.

—El *Xantar do Albariño* es la comida oficial. Después se harán públicos los albariños premiados.

—Has dicho *xantar* y se me ha abierto el apetito.

Reímos.

Accedimos a los jardines del pazo Torrado. Tomamos asiento en nuestra mesa.

—El *Xantar do Albariño* y entrega de premios empezó a celebrarse en la finca Botana. Al ir creciendo la Fiesta del Albariño se trasladó al pazo Ulloa, más tarde al pazo Bazán y desde hace unos años se desarrolla aquí, en el pazo Torrado.

—Me parece el sitio perfecto para la celebración del evento.

—A mí me parece el lugar perfecto para darse un homenaje.

Reímos.

—¿Qué otros tres comensales se sentarán con nosotros?

—Confiemos en que no sean unos siesos.

Los invitados iban ocupando las mesas.

—Esos tres no me gustan como compañeros de mesa.

—¿Por qué lo dices?

—Por decir algo.

Reí.

—Como me has pedido que me porte bien, las tonterías las tengo que decir antes de que estemos acompañados.

Vimos entrar a Camilo y su familia; nos saludamos a distancia.

—Tengo la intuición de que el hijo de Camilo ganará el primer premio.

—Me alegraría que así fuese.

Miré hacia la entrada a los jardines.

—Tengo la intuición de que ese grupo no se va a sentar a nuestra mesa.

—Lo dices porque son seis.

—Si nadie se sienta con nosotros, presento una reclamación.

Reímos.

—Si nadie se sienta con nosotros, nos tendremos que sentar en triángulo.

—¿Qué es eso de sentarnos en triángulo?

—Tres en una mesa para seis han de sentarse en triángulo.

Dibujé un triángulo en el mantel con el dedo índice de la mano derecha.

—Os toca moveros a vosotras.

—¿Por qué?

—Si queremos que el triángulo sea equilátero, os tenéis que mover vosotras.

—Te tienes que mover tú porque nosotras queremos que el triángulo sea isósceles.

Reí a carcajadas.

—¿Por qué te ríes?

—¿Te ríes de nosotras?

—¡No!

Reí.

—¡Te ríes de nosotras!

—¡No me río de vosotras! Pero me hace gracia que penséis que me río de vosotras.

Sonreí.

Sabrina se cambió de sitio y me quedé sentado entre mis amigas.

—¡Socorro! ¡Estoy rodeado!

Reí.

—¡Pórtate bien o te clavo el tacón del zapato en un pie!

Me callé al instante.

Se sentaron a la mesa una señorita, que dijo ser sumiller, y dos caballeros, el representante de compras y el institucional de una cadena hotelera. Nos explicaron que llevaban años acudiendo a la Fiesta del Albariño con el fin de adquirir los mejores vinos para servirlos a sus clientes.

Me vi fuera de la conversación por su marcado carácter profesional. Mis amigas lograron concertar una reunión con el representante institucional con el fin de que las contratase para realizar un publirreportaje de la cadena hotelera.

Prestamos atención a la entrega de premios, en especial, Sabrina, que buscaba la noticia y la fotografía que le faltaban para el artículo que publicaría en su periódico.

Camilo Castrove recogió la medalla de oro al mejor albariño por su vino Ouro da Ría, de Adega Don Camilo.

—Mi intuición no me ha fallado esta vez.

Camilo recibió una cerrada ovación.

—He de probar ese vino.

—Lo probé ayer. Le adelanto que es de una calidad excelente.

—¿Qué me puede decir de ese vino?

—No soy sumiller. No le sé decir si es afrutado o si es rico en matices. Solo le puedo decir que el albariño Ouro da Ría, de Adega Don Camilo, alarga y alegra la vida.

Nos despedimos de nuestros compañeros de mesa.

Pudimos acercarnos a Camilo y darle la enhorabuena por el éxito obtenido por su hijo. Estaba feliz, igual que los demás miembros de su familia.

Dedicamos un tiempo a transitar por el paseo de la Calzada, poblado por lugareños y forasteros, que disfrutaban del último día de la Fiesta del Albariño.

—Veréis que hay personas que visten la misma camiseta, lo que quiere decir que pertenecen a la misma peña. Cada peña diseña la suya y la presenta al concurso de camisetas. Acertar con el lema y la imagen que estampan ha de servir para ganar el concurso y dar a conocer la peña.

—¿Qué peña es la más veterana?

—La peña *Unha Grande Chea*. Sus miembros inventaron el vaso atado con un cordel en los años ochenta como símbolo de la Fiesta del Albariño.

Terminamos de recorrer el paseo de la Calzada.

—Tengo que escribir el artículo para el periódico.

—¡Vámonos!

Llegamos a casa en unos minutos.

Sabrina fue más rápida escribiendo el artículo para el periódico que Ana y yo disputando una partida de ajedrez.

—¿Os queda mucho para terminar?

—Nunca se sabe si queda poco o mucho para que termine una partida de ajedrez.

—Si no habéis terminado para cuando sirva el café, cerráis la partida en tablas.

El aroma a café llegó hasta nosotros.

—Tablas. Retirad el tablero, que sirvo el café.

—No hay tablas. Le doy jaque con la reina, que ha de comer, y luego le doy jaque mate en tres movimientos con las dos torres y el caballo.

—Tú ganas. Mi enhorabuena. ¿Mi café es descafeinado americano?

—Sí.

Retiré el tablero y recogí las piezas de ajedrez para que Sabrina pudiese servir el café. Ana guardó el ajedrez en un cajón del mueble.

—Un buen café para celebrar la victoria.

—Para endulzar la derrota.

—Para decidir qué haremos esta noche.

—Ver los fuegos artificiales.

—¿Y antes?

—Cenar.

—¿Y entre cenar y ver los fuegos artificiales?

—Jugar.

Terminamos el café.

—¿A dónde vamos?

—Lo sabréis en el coche.

—¿Qué ropa nos ponemos?

Nos vestimos para disfrutar de la noche.

Ana se sentó al volante y yo me senté detrás de Sabrina.

—¿A dónde vamos?

—¡Al Casino La Toja! ¡Hagan juego!

—¡Una noche loca!

—¡Una noche de suerte!

—¿Tan seguro estás de que ganaremos?

—Estoy seguro de que lo pasaremos bien.

Vi la sonrisa de Ana reflejada en el retrovisor.

—No sé jugar al póquer.

—Ni yo al *blackjack*.

—¿A qué vamos a jugar?

—Hace años tuve una novia americana. Se llamaba *Ruleta*.

Reímos.

—Jugaremos a la ruleta americana. Jugaremos si queréis jugar. Nunca he obligado a nadie a jugar.

—Es la primera vez que vamos a un casino, ¡y a los casinos se va a jugar!

—Pero antes, cenaremos.

Reímos.

Teníamos el Casino La Toja delante de nosotros.

—Siempre he querido venir a este casino. Me transmite buenas sensaciones. Además, y es lo mejor, vengo muy bien acompañado.

La cena fue deliciosa: una tabla de quesos regionales, zamburiñas a la parrilla, huevos de corral revueltos con langostinos y algas; para beber, albariño, helado de licor de hierbas y café.

—¿Tanto jugabas a la ruleta para que fuese tu novia?

—Hace años el Casino Gran Madrid de Torrelodones era mi segunda casa.

Reímos.

—Iba tan a menudo que, de vez en cuando, el Casino me invitaba a cenar.

—¿Cliente vip?

—Cliente habitual.

—¿Ludópata?

—¡No! Muchas noches regresaba a casa sin haber jugado, pero siempre bien cenado, como hoy.

Reímos.

—¿Qué tenemos que saber antes de empezar a jugar?

—Hay que jugar sin estar obsesionado por ganar y no hay que lamentarse si se pierde. Hay que jugar solo lo que estás dispuesto a perder y si se va ganando, hay que saber retirarse. La buena suerte se acaba.

—Entendido.

—¿Cuánto jugamos?

—Nunca hay que jugar más dinero de lo que ha costado la cena.

Reímos.

Compramos doce fichas de diez euros.

—¡Hagan juego!

—¿Qué tres números apostamos?

—Los últimos tres números que han salido han sido pares.

—Apostamos 7, 17 y 27.

Los jugadores cubrieron el tapete de fichas.

—¡No va más!

—¡Qué nervios!

La bola saltó de número en número.

—¡21, rojo, impar y pasa!

—Hemos perdido.

—Había más posibilidades de perder que de ganar.

El crupier limpió el tapete de las fichas no premiadas y abonó los premios a los jugadores afortunados.

—¡Hagan juego!

—Ahora yo elijo los números: 12, 14 y 16.

Un jugador apostó la mitad de lo que le quedaba al rojo y la otra mitad al impar y se alejó de la mesa.

—Es un jornalero.

—¿Cómo le has llamado?

—¡No va más!

—Se llama jornalero al jugador que hace apuestas sencillas con el fin de ganarse el jornal y cuando lo gana, se retira.

—¡21, rojo, impar y pasa!

—Hemos vuelto a perder.

El crupier hizo su trabajo.

El jornalero retiró sus fichas de la mesa y se fue.

—¡Hagan juego!

—¡David, te toca elegir números!

—¡No me metáis presión!

Reímos.

Dejé tres fichas sobre la mesa y me dirigí al crupier.

—Diez y vecinos.

—¿Qué números has jugado?

—5, 10 y 23.

—¡No va más!

—No estás nervioso.

—¿Por qué iba a estarlo?

—¡19, rojo, impar y pasa!

—Hemos vuelto a perder.

—Aún nos quedan fichas por jugar.

El crupier limpió el paño y no abonó ningún premio.

Hubo un cambio de crupier.

—Quiero apostar al 35.

—Y yo al 36.

—Me ha gustado el cambio de crupier.

—¿No será que te gusta la crupier?

—¡Hagan juego!

—Dadme vuestras fichas.

Coloqué tres fichas en el 26.

—¿Por qué apuestas todo al 26?

—Porque es un número estúpido.

Reímos.

—¿Por qué es estúpido?

—No lo sé. Se lo oí decir a Pepe Isbert en una película de Berlanga.

—¡No va más!

Miramos la ruleta.

—¡26, negro, par y pasa!

—¡Nos ha tocado!

La crupier limpió el tapete de fichas y nos abonó el premio. Tomé tres fichas de diez euros y las dejé sobre el paño.

—Para empleados.

—¡Gracias, señor!

—Solo en los casinos me llaman señor.

Reímos.

—¡Hagan juego!

Coloqué tres fichas de diez euros sobre el 28.

—El 28 es el número imbécil.

—¿También lo dijo Pepe Isbert?

—No.

—¿Quién lo dijo?

—Lo digo yo.

Reímos.

Un jugador de último segundo apostó al 20.

—¡No va más!

—¿Qué haces?

—Me concentro en el 28.

—¡28, negro, par y pasa!

—¡Sí, sí!

El crupier hizo su trabajo.

—Para empleados.

—¡Gracias, señor!

—¡Hagan juego!

—Después del estúpido y el imbécil tiene que salir el idiota.

—¿Cuál es el número idiota?

—El 29.

—¿Estás seguro?

—El 29 es el más idiota de todos los números.

Reímos.

Un jugador apostó todo a los caballos del 29.

—¡No va más!

Mis amigas se agarraron a mí.

—¡29, negro, impar y pasa!

Mis amigas me abrazaron.

—Los autógrafos los firmo a la salida.

Reímos.

La crupier me acercó el premio.

—Para empleados. Y las fichas sobre el 29 también para empleados.

—¡Gracias, señor!

Celebramos nuestra noche de suerte bebiendo una copa del mejor cava de la carta.

Salimos del Casino La Toja a tiempo de ver los fuegos artificiales que cerraban la Fiesta del Albariño de Cambados.

# El vendedor de manuscritos

Me vestí y preparé el equipaje en unos minutos.

—¡Buenos días a las dos!

—¡Buenos días!

Bebí un vaso de agua.

—¡Estoy listo para desayunar!

—Desayunaremos en Pontevedra.

—¿Por qué resoplas?

—Desayunaremos tarde.

—Las diez es una buena hora para desayunar.

—Hay días que a las diez tomo mi segundo desayuno.

—¡Zampón!

—¡Comilón!

Reímos.

—Preparamos el equipaje y salimos.

—¡Daos prisa, por favor!

—Tardaremos cinco minutos.

Me dio tiempo a comer un par de albaricoques. Mi cuerpo y mi espíritu me lo agradecieron.

Llenamos el maletero del coche de Sabrina con los equipajes.

—¡Adiós, Cambados!

—¿Acaso no quieres volver a Cambados?

—¡Sí quiero volver a Cambados!

—Pues no digas adiós, di hasta pronto.

—¡Hasta pronto, Cambados!

Reímos.

El desplazamiento hasta Pontevedra se me hizo corto porque las circunstancias del tráfico fueron favorables; Sabrina no tuvo que detenerse ni una sola vez.

—¡Ya hemos llegado!

—Esta es la tercera vez que visito Pontevedra en una semana.

—Podrás ver lo que no hayas visto en las dos visitas anteriores.

—Sí, pero después de desayunar.

Reímos.

—La plaza Peirao es pequeña, pero tiene su encanto. Tenemos que pasar por ella camino del parador nacional de turismo Casa del Barón, donde desayunaremos.

El primer elemento de la plaza Peirao ante el que nos detuvimos fue un monolito de piedra. En una de sus caras se lee:

*MAS DE MEDIO MILENIO HA, QVE EN ESTA RIBERA DE LEREZ SE CONSTRVYO LA CARABELA SANTA MARIA «LA GALLEGA», SOBRE LA QVE EL ALMIRANTE PONTEVEDRES CRISTOBAL COLON CAMBIO EL DESTINO DEL MVNDO.*

—Hay quien defiende el origen gallego de Cristóbal Colón.

—El origen de Cristóbal Colón siempre será motivo de polémica.

—Unos seguirán diciendo que fue genovés, otros que fue gallego, pero ya se ha podido demostrar que era valenciano.

A la plaza Peirao asoman edificios de granito, uno destaca por sus balcones y galerías. El elemento más llamativo de la plaza es la fuente del siglo XVIII, pétrea, de base circular, coronada por una estatua de mujer y rodeada por los jardines de la plaza.

—En aquella casa vivió Payo Gómez Chariño.

—¿Quién fue?, ¿qué hizo?

—Participó en la reconquista de Sevilla en 1248 a las órdenes del rey Fernando III el Santo. Recibió los títulos de Señor de Rianjo y Adelantado Mayor del Reino de Galicia.

—¡Pontevedra, tierra de valientes!

Recorrimos la calle del Barón.

—El edificio que acoge el parador nacional de turismo es un palacio renacentista. Se levantó durante el siglo XVI sobre los restos de una villa romana. Durante el siglo XVIII fue la residencia de los condes de Maceda y en el XIX decayó hasta que lo restauró Eduardo de Vera, barón de la Casa Goda. Después de varios usos, se inauguró como parador nacional de turismo en 1955, siendo el primero que se abrió en Galicia.

Accedimos al recinto del parador nacional de turismo Casa del Barón bajo un pórtico neoclásico. De la fachada llama la atención el blasón sobre la entrada, la galería columnada del último piso con seis columnas toscanas sobre podio y la torre almenada del siglo XVIII; del interior, una escalera de piedra labrada de estilo barroco y las antigüedades y muebles que lo dotan de una personalidad clásica.

Nos sirvieron el desayuno.

—Un sitio perfecto para desayunar.

El zumo de naranja me hidrató.

—¿Qué os parece si cortamos las tartas en tres raciones y compartimos?

—Me parece bien.

Probé la tarta de ciruelas, luego la de melocotón y, por último, la de kiwi. Me aislé de la conversación que mantenían Ana y Sabrina.

—¿Vas a seguir en silencio?

—Tiene la boca tan llena que no puede ni hablar.

Tragué.

—Estoy comiendo.

—Puedes hablar entre bocado y bocado.

—No quiero perder la concentración.

—¿Necesitas concentrarte para comer?

—Estas tartas merecen toda mi atención.

Reímos.

—¿Y nosotras no merecemos tu atención?

—También.

—¿De qué estamos hablando?

—Eh, bueno, decíais, eh, en fin… No sé de qué estabais hablando, lo reconozco. Yo estaba a lo mío.

—Lo tuyo es comer.

—Lo siento.

—¿Cómo lo vas a arreglar?

—Invito al desayuno.

—Vale.

Reímos.

El café descafeinado americano aromatizado con canela fue el punto final a un desayuno delicioso.

Recorrimos la calle del Barón hasta la plaza de las Cinco Calles, en la que también desembocan las calles Isabel II, Payo Gómez Chariño, San Nicolás y Princesa.

Un hombre de aspecto bohemio con una mochila al hombro entró en la plaza de las Cinco Calles por la calle San Nicolás.

—¡Vendo libros, vendo manuscritos, de vivos y de muertos!

Nos quedamos mirando al hombre.

—¿Quieren comprar un libro?, ¿quieren comprar un manuscrito?

—Ahora no, más tarde.

—¿Dónde va a estar?

—Donde haya un *cruceiro*.

—¿Le vas a comprar un libro?

—O un manuscrito.

El hombre abandonó la plaza de las Cinco Calles por la calle Isabel II.

—Esta casa de piedra con balcón corrido es el edificio más importante de los que asoman a la plaza de las Cinco Calles porque en él vivió a finales del siglo XIX…

Ana indicó la placa clavada en la fachada de la casa en la que se lee:

*AQVI VIVIO VALLE INCLAN.*

—Pero el elemento más destacado de la plaza de las Cinco Calles es el *cruceiro de Estribela*. Alfonso Castelao lo menciona en su libro *As cruces de pedra na Galiza*, en español *Las cruces de piedra de Galicia*, libro en el que recoge los *cruceiros* más representativos de Galicia.

El *cruceiro de Estribela* debe su nombre a su ubicación original, la plaza de Abastos de Estribela, trasladado a la plaza de las Cinco Calles en 1939. Se erigió en 1773 en estilo barroco. En la base, sobre una peana, aparecen representados Adán y Eva desnudos, cubriéndose los genitales con la mano izquierda; Eva se dispone a arrancar con la mano derecha una manzana del árbol, mientras que la serpiente, enroscada, los observa; sobre esta escena, otra en la que se reconoce a la Virgen María con el Niño; corona el *cruceiro* una representación del Calvario con la Virgen María.

Tomamos la calle Isabel II.

—¿A dónde nos dirigimos?

—A la Real Basílica de Santa María la Mayor.

Pasamos a unos metros del *cruceiro* del Campillo de Santa María.

Nos situamos delante de la fachada de la Real Basílica de Santa María la Mayor, dando la espalda a la escalinata de doble derrame que desciende hasta la calle Arzobispo Malvar.

—La Real Basílica de Santa María la Mayor se levantó en el siglo XVI por iniciativa de Alonso de Fonseca y Acebedo, arzobispo de Santiago de Compostela, y del Gremio de Mareantes de Pontevedra.

Los planos de la Real Basílica de Santa María la Mayor son de Juan de Cuetos y Diego Gil. En su construcción destacaron Cornelis de Holanda y Juan Noble.

—Se levantó en estilo gótico tardío y exhibe elementos renacentistas.

De la fachada de la Real Basílica de Santa María la Mayor llama la atención del espectador la decoración escultórica: las imágenes *San Pedro, San Pablo* y *Dormición de la Virgen,* a ambos lados y sobre la puerta de acceso a la basílica; santos; personajes bíblicos e históricos, reconociéndose a Cristóbal Colón y Hernán Cortés; el rosetón; *Ascensión de la Virgen; La Trinidad;* la crestería, típica del estilo manuelino portugués; y *El Calvario,* que corona la fachada.

—Hemos de ver la fachada sur, que es más modesta, pero también interesante.

La portada de la fachada meridional de la Real Basílica de Santa María la Mayor se abre en arco de medio punto entre pilastras sobre podio. La decoración es barroca. Sobre el acceso, tres esculturas amparadas por arcos de medio punto rebajados y separadas por columnas; la central es *La Virgen con el Niño*.

—Solo nos queda por ver *El Cristo del Buen Viaje*, al que se encomendaban marineros y pescadores antes de salir a la mar; le pedían protección y pesca abundante.

La imagen es de madera policromada y aparece protegida por una reja de hierro forjado.

—¡Vendo libros, vendo manuscritos, de vivos y de muertos!

Nos dimos la vuelta. Vimos al vendedor de manuscritos junto al *cruceiro* que se yergue en la plaza Alonso de Fonseca. Nos acercamos.

—Nos volvemos a ver.

—¿Quiere un libro? ¿Quiere un manuscrito?

—Enséñeme un manuscrito.

El vendedor de manuscritos sacó de la mochila un cuaderno de tapas de cuero. Aparecía desgastado por el paso del tiempo. Me lo entregó. Lo abrí.

—¡Es un manuscrito de verdad!

—Es un manuscrito porque está escrito a mano.

—¿Quién lo escribió?

—Belisario Belesar.

—¿Quién fue Belisario Belesar?

—La persona que escribió este manuscrito.

Reímos.

—¿Qué más me puede decir de Belisario Belesar y de su manuscrito?

—Para conocer la historia de Belisario Belesar tendrá que leer su manuscrito y, para leer su manuscrito, tiene que comprarlo.

—¿Cuánto cuesta?

—Quince euros.

—Tengo veinte.

—No tengo cinco euros para hacer la devolución, pero por cinco euros le puedo leer las líneas de las manos.

—¡No necesito que me lea las líneas de las manos!

—Si lo prefiere, le leo el aura.

—¡No necesito que me lea el aura!

Compré el manuscrito de Belisario Belesar por veinte euros y el vendedor de manuscritos se alejó de nosotros. Ana miró el reloj.

—Tenemos que irnos. Te dejamos en la estación de ferrocarril.

Nos dirigimos a paso ligero hasta el coche.

Llegamos a la estación de ferrocarril en unos minutos.

—Buenos días. Por favor, un billete para el primer tren a Madrid.

El vendedor consultó el ordenador.

—No quedan billetes para Madrid. Pero sí desde Santiago de Compostela.

Compré un billete combinado Pontevedra-Santiago de Compostela-Madrid. Salimos al andén de la estación. Vimos pasar un tren portacontenedores. Por los altavoces anunciaron la llegada de mi tren.

—Ana, gracias por tu hospitalidad. Y a las dos, gracias por vuestra compañía.

—Han sido días felices.

—Nos veremos pronto.

Primero abracé a Ana; luego, a Sabrina. Después, me subí al tren. Me senté en mi plaza junto a la ventanilla. El tren inició la marcha. Nos volvimos a despedir haciendo un gesto con la mano y con una sonrisa.

# Índice